경제성장이 안되면
우리는 풍요롭지 못할 것인가

C. 더글러스 러미스 l 김종철·최성현 옮김

녹색평론사

머리말

21세기의 상식을 위해서

1775년에 토마스 페인이 그 후 그가 쓴 것 가운데서 가장 유명해진 책을 집필하였을 때, 국왕제를 부정하고 미국 독립을 옹호하는 그 책의 중심적 주장은 소수파의 견해였다. 책의 내용은 당시의 상식에 거꾸로 된 것이었지만, 그는 감히 그 제목을 《커먼센스 (Common Sense)》라고 불렀다.

실제, 페인은 그 시대를 정확하게 읽었다. 책 출판 당시, 미국의 상식은 대전환의 한가운데 있었다. 《커먼센스》는 수십만부나 팔리고, 미국 독립혁명의 사상선언과 같은 존재가 되었다.

상식이라는 것은 불변하는 것으로 보일 수 있지만, 크게 변화하는 것도 있다.

지금 우리는 결코 변할 수 없을 것처럼 보이는 상식의 대전환, 즉 대다수 사람들이 '비상식'이라고 판단하고 있는 사고방식이 주류의 상식이 되는, 새로운 상식을 위한 대변혁 직전의 단계에 살고 있는 듯하다.

그러한 변혁에 조금이라도 공헌하고 싶다는 마음으로 나는 처음에 이 책에 《21세기의 커먼센스를 위해서》라는 제목을 붙여볼까 생각하였다.

그러나 일본어로 '커먼센스'는 독자들에게 그다지 익숙한 말이 아니고, 일본어의 '상식'도 영어의 '커먼센스'의 의미와는 꽤 떨어져 있다는 지적을 받았다. 출판사 측과 상당히 오래 의논한 결과 현재의 제목으로 되었다.

그런데 어째서 이 제목이?

이 책은 경제발전만이 아니라 전쟁과 평화, 안전보장, 일본국 헌법, 환경위기, 민주주의 등, 여러가지 테마를 다루고 있다.

이 책의 주장은 각각의 문제에 대한 '상식'이라고 일컬어지고 있는 사고방식이 정말은 현실에서 유리된 것이며, 21세기에 살아남고 싶다면, 우리가 실제로 직면하고 있는 현실에 부합하는 사고방식을 상식으로 삼아야 할 필요가 있다라는 것이다.

그렇다고 한다면 '경제성장이 안되면 우리는 풍요롭지 못할 것인가'라는 제목은 협소한 것으로 생각될 수 있다. 그러나 "경제는 발전하지 않으면 안된다"는 사고방식(이것은 경제학의 객관적인 결론이 아니라 이데올로기적인 결론이지만)의 역사를 되돌아보면, 그거야말로 우리의 눈을 진정한 현실에서 벗어나게 하는, '현실에서 유리된 현실주의'의 장본인이라는 것을 알 수 있다.

세계 어느 곳에서든지 일어나고 있는 일이지만, 일본에서는 특히 그렇다고 할 수 있다. 소득배증론(所得倍增論)은 정부가 1960년에 제안했지만, 그것은 또하나의 깊이있는 풍요로움을 목표로 하는 사회운동의 대체물로서, 즉 그 운동을 깨기 위한 무기로서 제안된 것이라는 것을 잊어서는 안된다. 60년대 안보투쟁이 목표로 한 풍요로움은 경제적 풍요만이 아니라, 평화, 민주주의(작업장에서의 민주주의까지 포함하여), 사회적 평등, 정의 등이 포함된 것이었다. 소득배증론, 즉 사회의 풍요로움은 GNP에 의해서 측량된다고 하는, 빈약한 풍요를 구하는 논리는 당시의 민중투쟁에 대한 정부의 대답이었다.

그리고 소득배증론은 이데올로기로서 괄목할 성공을 거두어 주류의 상식이 되었다. 보다 깊이있는 풍요로움을 겨냥하는 사상은 완전히 궤멸된 것은 아니지만, 사회의 한구석으로 밀려나버렸다.

"그것은 좋은 이상일지는 모르지만 이러니저러니 해도 돈을 벌어야 한다"라든가, "싫어도 직업이기 때문에 별도리가 없다" 등등, 우리가 흔히 듣는 이와 같은 상투적인 말들은 "소득으로 이어지는 것만이 현실성이 있다"라는, 경제발전론의 발상이다.

나는 이러한 발상에 대하여 의문을 던지기 위해서 이 제목을 선택하였다. 경제발전론 = 소득배증론이 사회의 상식이 되어있는 한, 이 책에서 다루고 있는 그 밖의 다른 테마에 관해서 깊이있게 생각한다는 것은 불가능하다. 의학용어를 빌려 말하면, 경제발전론은 현대사회 속의 사고장해(思考障害)라고 부를 수 있을 만큼 사람의 사고력을 억압하는 힘을 갖고 있다.

그것에 대해, 이 책의 각 테마를 자유롭게, 또 냉정하게 생각해볼 수 있는 장소를 머릿속에 비워놓자는 게 이 제목의 목적이다.

이 책은 어떠한 독자를 상정하고 있는가

우선 '연구자'나 '학자'는 아니다. 이 책에는 연구논문 테마가 될 수 있는 문제가 더러 나오지만, 이 책 자체는 연구논문이 아니다.

또 '좌익'사상을 가진 사람도 아니다. 이 책은 전쟁, 평화, 노동착취 등, 좌익의 전통적인 테마를 언급하고 있지만 특별히 좌익사상을 제공할 의도는 갖고 있지 않다.

물론 학자도, 좌익도, 우익도 읽어준다면 나로서는 기쁜 일이겠지만.

대체 어떠한 불가사의한 역사적 경위에 의해, 전쟁을 피하고 싶다는 사람들이 '좌익'이라고 간주되기에 이르렀는가. 이 20세기의 가공할 전쟁을 경험한 이상, 사상과 관계없이 보통사람들 누구라도 전쟁을 피하고 싶다고 생각하는 게 아닐까.(유감스럽게도 '죽음의 상인', '군국주의 정치가' 등 약간의 예외가 있지만.)

냉전시대에, 자본주의국가에 살고 있는 사람들이 자국의 정책에 반대하여 반전이나 군축을 희구하는 참된 목적은 자본주의국가 쪽을 상대적으로 약하게 만들고, 소련 쪽의 승리를 실현하려는 데 있는 게 아닌가라고 생각하는 사람들도 있었다. 그러나 그러한 시각은 우리가 살고 있는 현재에는 통용되지 않는다. 냉전이 끝난 지금, '반전'이라는 당연한 감성은 오로지 좌익이나 무슨무슨 사상과만 관계가 있는 것이라고 생각할 근거는 없기 때문이다. 지금은 그러한 것이 다만 보통의 상식이 되어도 좋은 시대가 된 것은 아닌가.

이 책에서 취급하고 있는 다른 테마에 관해서도 마찬가지로 말할 수 있다.

나는 이 책을 읽어줄 독자로서 다음과 같은 사람들을 상상한다.

— 과로에 지쳐있는, 혹은 노동현장의 부자유에 불만을 느끼고 있는 (샐러리맨이나 사무직 여성을 포함한) 노동자.

— 자신의 밭이 공장화되는 것에 혐오감을 갖고 있는 농민.

— '경제'(구체적으로, 앞으로의 취직)라는 요소가, 자신의 교육의 자유에 장애물이 되어있다고 느끼고 있는 학생.

— 광고산업이 자신을 바보로 만들고 있는 것은 아닌가 하고 느끼고 있는 소비자(특히 주부).

— 전쟁체험을 기억하고, 지금의 일본정부가 재군비를 향해 돌진하고 있는 데 대해 충격을 받고 있는 노인.

— 전쟁을 체험한 바는 없지만, 앞으로도 경험하고 싶지 않다고 생각하는 젊은이.

— 남북문제는 '남'의 문제라기보다, 어느 쪽인가 하면, '북'의 문제라고 느끼고 있는 사람.

— 세계의 자연계가 사멸을 계속하고 있을 뿐만 아니라, 우리가 그것을 죽이고 있다는 사실에 염려하고 슬퍼하고 있는 사람.

— 왠지 모르게 위기감을 느끼지만, 그것이 무엇인지는 막연하고, 분명히는 이해하지 못하고 있는 사람.

생각해보면 이 목록에는 꽤 많은 사람들이 포함되어 있다. 그러므로 이 책을 읽으면서 자기 외에 이러한 다양한 사람들이 읽고 있을지도 모른다고 상상하면서 읽어도 좋을 것이다.

앞으로 얼마나 많은 사람들이 공통의식을 갖게 될 때, 그 의식이 '상식'으로 변할 수 있을까.

목차

제1장

타이타닉 현실주의

우리는 어떠한 현실을 살아가고 있는가. 때때로 보통의 신문에서도 놀랍게도 이런 얘기를 듣는 수가 있습니다.

여기에 있는 건 1999년 9월 22일자 영자신문 〈저팬타임스〉입니다. 이 신문 4페이지에 유엔환경계획이 나이로비에서 회의를 열어서 〈지구환경전망 2000〉이라는 보고서를 내놓았다는 기사가 있습니다. "850명의 전문가들이 모여서 2년 반에 걸쳐 만들었다"고 쓰고 있습니다. 보고서에는 현재의 지구환경이 어느 만큼 위기적 상황에 있는지가 적혀있습니다. 그리고 "선진공업국들의 자원 소비를 90퍼센트 감소시킬 것을 목표로 해야 한다"고 제언하고 있습니다. 10퍼센트를 줄여서 90퍼센트로 해야 한다는 게 아니라, 90퍼센트를 줄여야 한다는 제언입니다. "그렇게 하지 않으면 미래세대는 큰 생명의 위기에 직면할 것이다"라는 것이 보고서의 결론입니다.

다음 페이지는 경제면. 바로 5페이지에 "일본경제는 불경기로부터 조금 부활하기 시작하였다"라는 기사가 나와있습니다. 무슨 말이냐 하면, "99년 8월의 기업체 전력소비량이 98년보다 2.6퍼센트 많아졌다"는 것입니다. 이것은 '좋은 소식'으로서 기사화되어 있습니다. 좋다 — 전력소비량이 증가하고 있으니까 경제는 회복 중이라는 것입니다.

4페이지에 나와있는 것과 같은 기사는 진부할 만큼 이미 모두가 귀에 못이 박히도록 들어온 얘기라고 하더라도, 이 경제면에는 조금도 영향을 주지 못합니다. 그 메시지는 바로 다음 페이지에 전해지지 않는 것입니다. 경제면을 읽는 사람들에게 바로 옆 국제면의 기사는 아무런 의미가 없습니다.

경제면 쪽이 '현실주의'라고 일컬어지고 있습니다. 비즈니스나 정치의 세계에서는 유엔 보고서 쪽은 유토피아적인, 꿈과 같은, 비현실적인 얘기로 되어버립니다. 무엇이 어찌되었건 하여간 경제성장을 하지 않으면 안된다, 라는 게 '현실주의'인 것입니다.

재미있는 것은, 이 신문을 덮으면 그 두개의 기사는 키스를 하듯이 서로 꼭 겹쳐지게 되어있습니다. 그런데도 현실주의와 비현실주의라는 두개의 전혀 다른 세계로 되어버립니다.

귀에 못이 박히도록 들어온 경고

자연파괴, 환경파괴가 일어나고 있다는 것은 매일같이 신문에 나오고, 텔레비전에도 나오고 있습니다. 온난화라든가, 사막화라든가, 삼림벌채라든가, 종의 전멸이라든가 하는 말도 귀에 못이 박힐 만큼 듣고 있습니다. 혹은 공기와 물이 오염되고, 식품에 첨가물이 들어가 있다는 것과 같은 문제. 그 공기를 흡입하고, 물을 마시고, 음식물을 섭취함으로써 암에 걸리는 사람들이 날로 늘어나고 있다는 것도 어떻든 비근한 일상의 문제가 되어있습니다.

환경문제만이 아니라 빈부의 격차, 남북문제라는 문제도 마찬가지입니다. 빈부의 차가 확대되고 있다는 것은 누구라도 알고 있고, 매우 큰 기아사태가 발생하고 있는 나라가 있다는 것도 알고 있습니다.

선진공업국 정치가들은 만병통치약으로서 자유화를 권장하고 있지만, 그 자유화가 문제를 악화시키고 있다는 것은 명백합니다. 예를 들면, NAFTA(북미자유무역협정)로 미국의 값싼 옥수수가 멕시코로 들어가, 멕시코 옥수수산업이 파괴된다는 것은 유명한 얘기입니다. 그러한 예는 너무나 많습니다. 그리고 무역의 자유화가 아니라 투자의 자유화에 의해서 세계에서 가장 값싼 임금을 찾는 대기업 사이의 경쟁이, 결과적으로 선진공업국의 실질임금도 내려가게 합니다. 즉 투자의 자유화는 '착취의 자유화'로 불러도 좋은 것입니다. 이것도 모두 신문을 읽으면 알 수 있는 것입니다.

또 냉전이 종식되었기 때문에 전쟁의 공포가 줄어들 것이라고 모두가 기대했지만, 실은 줄어들지 않고 있습니다. 1989년부터 1998년까지 10년간 108건의 무력분쟁이 세계에서 일어났습니다. 국제법에서는 내정간섭에 대한 강력한 금지를 명시하고 있지만, 그것은 약화되어, 예전이라면 '침략'이라고 불렸던 행동도 지금은 '인도적 개입'이라고 불려지게 되었습니다. 그런 가운데 일본정부의 '현실주의자'들은 주변사태법을 가결시키고, 헌법조사회를 만들어 헌법 제9조의 폐지를 준비하면서, 반세기 만에 일본이 전쟁에 직접 참가할 수 있도록 무서운 기세로 준비를 진행하고 있습니다.

그런데 이런 문제에 대해서 무언가 철저한 해결을 탐구하려고 하면, 그것은 웬일인지 비상식, 비현실주의로 받아들여집니다.

환경문제로 말하면, 플라스틱 쓰레기와 태울 수 있는 쓰레기, 병이나 캔을 분리하는 정도의 것은 정착해서 모두들 열심히 하고 있지만, 그것은 이 경쟁적으로 파괴적인 소비문화를 근본적으로 변화시킬 수 있는 것은 아니지 않느냐고 지적하면, 그건 비상식이라고 말합니다. 근본적인 해결을 구하는 사람들은 유토피아주의자, 꿈을 꾸고 있는 사람, 낭만주의자, 상아탑 속의 사람이라고 불려지고, 현상을 그대로 계속할 것을 말하는 사람이 '현실주의자'가 됩니다. 근본적인 문제를 될수록 무시하고 목전의 돈벌이에 전념한다는, 그러한 사람들이 '현실주의자', '상식을 가지고 있다'고 말해지고 있습니다.

이러한 '현실주의'는 대체 어떠한 것인가. 나는 여기서 하나의 비유를 가지고 말해보고 싶습니다. 몇해 전에 영화로도 되었던 빙산에 부딪혀 침몰한 저 타이타닉호 얘기 말입니다.

이것은 실제로 일어난 일로, 픽션이 아닙니다. 타이타닉호는 빙산을 향해서 질주하고 있었습니다. 빙산은 현실로 존재합니다. 그리고 타이타닉호가 마침내 침몰한 것도 현실입니다.

다만 정말로 일어난 타이타닉호의 재난과 내가 말하고 있는 비유로서의 타이타닉 얘기 사이에는 차이가 있습니다. 오늘날 이 지구라는 '타이타닉호'에 타고 있는 우리들은 빙산을 향해서 가고 있다는 것을 이미 알고 있습니다. 선내 방송에서 몇번이나 "빙산에 부딪힙니다"라는 말이 나오고 있습니다. 모두가 귀에 못이 박힐 만큼 들어왔습니다. 그 말이 진부할 정도로, 더 듣고 싶지 않을 정도로 말입니다. 그 말을 하면 사람들은 "또 그 얘기?"라고 합니다.

마침내 빙산에 부딪힐 거라는 것은 알고 있더라도, 그 빙산은 아직 보이지 않아서 현실적인 얘기라고 이해하기는 어렵습니다. 귀에는 들어와도 그것은 아직 볼 수는 없습니다. 볼 수 있는 것은 타이타닉호라는 배뿐입니다.

아무도 엔진을 멈추려고 하지 않는다

많은 사람들에게 유일한 현실은 '타이타닉호'라는 배뿐입니다.

타이타닉호 속에는 판에 박은 다양한 일상사가 있습니다. 승객의 일, 선원의 일이 있습니다. 엔진에는 연료를 넣지 않으면 안되고, 배가 전진하기 위해서는 온갖 기계가 항시 확실히 관리되지 않으면 안됩니다. 승객의 방을 청소하고, 침대를 정돈하지 않으면 안됩니다. 요리사는 모두를 위해 요리를 만들고, 밴드는 댄스홀에서 음악을 연주하고, 바텐더는 칵테일을 만듭니다. 모두 각자 일상사를 가지고 있고 그것을 계속하는 사람이 '현실주의자'입니다.

누군가가 "엔진을 멈추어야 한다"고 말하면, 그것은 비상식, 비현실주의적입니다. 왜냐하면 타이타닉호라는 배는 전진하도록 되어있는 것으로, 전진하지 않으면 저마다의 일거리가 없어져 어떻게 하면 좋을지 모르기 때문입니다. 전진한다는 것이 타이타닉호의 본질인 것입니다. 전진하지 않으면 아무런 의미가 없습니다. 그래서 "엔진을 멈추어야 한다"고 말하면 모두가 놀라서 어찌할 바를 모릅니다.

오늘날 세계 전체에 퍼져있는 현실주의는 바로 그러한 현실주의라고 생각됩니다.

현실주의적인 경제학자가 타이타닉호에 "전속력으로"라는 명령을 하려고 합니다. "속력을 떨어뜨리면 안된다"고 합니다. 이것이 타이타닉호의 논리, '타이타닉 현실주의'입니다.

　그것이 어째서 논리적이고 현실주의적으로 들리는가. 도무지 불가사의한 일입니다.

　만일 타이타닉호가 전세계라면, 배 밖에는 아무것도 존재하지 않으니까 그것은 논리적일 것입니다. 타이타닉호의 논리는 그것을 전제로 성립하고 있다고 생각됩니다. 이 배가 세계이며, 배밖에 아무것도 실체가 없다고. 마찬가지로 경제학자의 논리도 만일 세계경제시스템 이외에 아무런 현실도 없다면, 매우 뛰어나게 합리적인 논리인 셈입니다.

　그렇지만 타이타닉호의 바깥에는 바다가 있고, 빙산이 있습니다. 그리고 세계경제의 바깥에는 자연환경이 있습니다. 이것이 문제입니다.

　여기서 또하나의 배의 선장을 생각해봅시다. 배의 이름은 '피쿼드'라고, 멜빌의 《모비딕》이라는 소설에 나옵니다. 선장 에이햅은 일찍이 자기에게 상처를 입힌 흰 고래를 찾아 온 세계를 헤맵니다. 선장은 자신의 광기를 자각하고 있고, 일등항해사에게 그것을 이렇게 설명합니다. "내가 사용하고 있는 방법은 모두 정상적이고 합리적이며 논리적이다. 목적만이 광적인 것이다"라고 말입니다.

　타이타닉 현실주의는 이것과 흡사하다고 생각됩니다. 정치가나 경제학자, 비즈니스맨이나 은행가 그리고 경제발전을 추진하려고 하는 온갖 전문가, 그런 사람들이 사용하고 있는 방법, 일하는 방식은 그 시스템 속에서는 매우 정상적이며, 논리적·현실적인 셈입니다. 하지만 타이타닉호와 같이, 그리고 에이햅의 배와 마찬가지로, 그 목적은 광적인 것입니다.

유엔의 보고서를 들을 것도 없이, 이대로 계속 간다면 빙산에 부딪힌다는 것은 거의 결정된 것이나 다름없기 때문입니다.

여기서 타이타닉호의 비유가 갖는 한계를 볼 수 있는데, 타이타닉호의 경우는 하나의 빙산이 있고, 거기에 부딪힌다는 것입니다. 비유적인 타이타닉호, 즉 우리들의 정치경제시스템의 경우, 빙산은 장래에 기다리고 있는 게 아닙니다. 재난은 이미 시작되었고, 말하자면 차례차례 빙산에 부딪히기 시작하고 있는 셈입니다.

현실주의를 위하여

제2장의 테마는 국가와 폭력에 관해서입니다.

정치제도에 관한 100년 전의 사고방식은 국가를 정치의 단위로 해서 거기에 주권, 교전권, 군사력을 부여하면, 사회질서와 국민의 안전을 보장해줄 것이다라는 것이었습니다. 그 결과가 20세기의 역사입니다. 교전권, 즉 전쟁을 해도 좋다는 '살인면허'를 얻은 국가가 차례차례로 세계전쟁을 일으켜 타국민과 자국민을 대량으로 살해해왔습니다. 그리고 앞에서 말한 1989년에서 1998년 사이에 일어난 108건의 분쟁 가운데 92건이 내전입니다. 즉 국가와 자국민과의 전쟁입니다. 이와 같은 역사를 경험해온 토대 위에서 여전히 국가에 군사력을 계속 부여하면서 "이제는 괜찮다"라고 하는 것이 타이타닉호의 논리입니다. 그러나 동일한 방식을 계속하면 동일한 결과가 일어난다는 것은 당연한 일입니다.

제3장에서는 경제발전이라는 이름의 타이타닉호를 다루고 있습니다. 20세기의 전쟁이나 국가폭력과 큰 관계가 있지만, 경제발전은 이 반세기 사이에 세계의 온갖 문화와 자연환경에 되돌이킬 수 없을 만큼의 피해를 끼쳐왔습니다. 이 세계 규모의 문화적·환경적 재난은 이 세계경제시스템을 계속한다면 언젠가 일어날 것이다라는 예측이 아니라, 지금 이미 일어나고 있는 현재진행중의 '현실'인 것입니다.

오해 없기를 바랍니다만, 나는 현실주의를 비판하는 것은 아닙니다. 21세기를 위한 '진정한 현실주의'가 이 책의 중심적 테마입니다.

현실주의자가 되고자 한다면, 우선 첫째로 현실을 보지 않으면 그 자격을 얻을 수 없습니다.

현실이라는 것은 먼저 20세기의 역사기록입니다. 역사와 역사가 만든 현상을 확실히 인식한 토대 위에서 어떠한 21세기를 만들어갈 것인가, 그것을 생각하지 않으면 안됩니다. 그것이 제4장과 제5장의 테마입니다.

제2장

'비상식적'인 헌법?

일본국 헌법 제9조는 현실적이지 못하다는 비판이 최근 이루어지고 있습니다. 매우 훌륭한 아이디어이고 훌륭한 꿈이지만, 실현 불가능한 구상이라는 것입니다. 예전부터 계속해서 그렇게 말하는 사람들이 있었지만, 최근에 제9조는 비현실적이라고 생각하는 사람들이 늘어나고 있는 게 아닌가 싶습니다.

헌법개정 혹은 '헌법창출'을 제안하는 책도 출판되고 있고, 국회도 지금부터 헌법조사회를 설치하여 개헌 무드가 높아지고 있습니다. 헌법의 문체 자체가 일본어답지 않다거나, GHQ(미점령군사령부)에 의해서 강제로 밀어붙여졌다거나, 인권 주장이 지나치다거나, 개헌의 이유는 갖가지이지만, 결국 제일 중요한 것은 제9조입니다.

"보통 국가의 헌법에는 그런 조항이 없다", "북조선이 침략해온다면 어떻게 하나?", "일국 평화주의는 비현실적이다" 등 틀에 박힌 문구와 나란히, '국제공헌'의 필요성을 말하는 사람들도 있습니다. '국제공헌'이라는 말이 일본에서 사용되기 시작한 것은 걸프전쟁 때인데, 다국적군의 이라크 공격이 그 원형이 되고 있습니다. 이 말이 사용되고 있는 방식을 보면, 경제원조나 유엔에의 참가, 평화외교, 자원봉사활동 등과 같은 당연한 요소만으로는 불충분하고, 군사력을 사용하지 않으면 '국제공헌'이라고 할 수는 없다는 암묵의 전제가 있습니다.

일본국 헌법의 전문(前文)과 제9조를 상식적으로 읽어보면, 일본정부는 전쟁을 하지 않는다라고 쓰여있는 것을 알 수 있습니다. 매우 명쾌하고, 이해하기 쉬운 문장이라고 생각됩니다.

평화를 사랑하는 각국 국민들의 공정함과 신의(信義)에 대한 신뢰에 기초하여, 우리들의 안전과 생존을 보지(保持)하려고 결의하였다.

정의와 질서를 기조로 하는 국제평화를 성실히 희구(希求)하여, 국권의 발동에 따른 전쟁과 무력에 의한 위하(威嚇) 또는 무력의 행사는 국제분쟁을 해결하는 수단으로서는 영구히 방기한다.

확실히 이것은 안전보장을, 평화를 사랑하는 세계인들에게 기대하고 있든가, 사람들의 선의에 기대하는 듯한 말입니다.

그러나 생각을 해보면, 일본정부는 이 정책을 지금까지 한번도 실현하려고 해본 적이 없습니다. 일관되게 미군(美軍)이 일본에 있어왔고, 일본의 군사방위를 미국의 군사력에 의존해왔습니다. '핵우산' 속에 들어가 있습니다. 그러므로 아직 일본은 헌법 전문과 제9조의 평화주의를 시도해본 적이 없습니다. 일본정부는 참된 의미에서 평화외교를 추구한 바가 없습니다. 중립이었던 것도 아닙니다. 미국은 차례차례 전쟁을 일으켜왔는데, 그 적은 항상 일본의 적이기도 하였습니다. 일본은 일관되게 미합중국의 동맹국으로서 충실히 역할을 해온 셈입니다.

일본 이외의 사람들, 특히 아시아지역 사람들은 대체로 제9조를 신뢰하지 않고 있습니다. 일본정부가 진심으로는 제9조를 믿지 않고 있다는 것을 간취하고 있기 때문입니다. 정부가 믿지 않는 것을 주위의 다른 나라가 믿는다는 것은 있을 수 없습니다. 자민당 정부는 적당히 제9조를 꺼내서는 이것은 가능하다 혹은 이것은 불가능하다고 말하지만, 그 이념을 정부가 믿고 있다고는 아무도 생각하고 있지 않습니다. 자민당 내의 몇사람은 믿고 있는지도 모르지만, 당의 정책으로서, 제9조를 기본으로 삼은 것은 한번도 없었습니다.

최근에 또 조금씩, 이 비상식적인 일본국 헌법을 변경해서 세계의 상식에 일본을 합치토록 해야 한다는 목소리가 커져왔습니다. 그리고 해가 지날수록 그 속도는 높아져가는 것으로 생각됩니다. 즉 전쟁이 가능한 국가, 군사력을 가진 '보통의' 국가로 정책을 바꾸어야 한다. 말하자면 '현실주의'로 돌아가자는 의견입니다. 비현실주의적인 헌법을 그만두고, 현실주의로 돌아가자는 것입니다.

이 군사력에 관한 '현실주의'란 것은 어떤 것이냐 하면, 국가는 교전권을 가지는 게 당연하고, 그것이 국가의 본질이라는 것입니다.

교전권을 방기해도 자위권은 남는가

일본국 헌법 제9조의 가장 마지막 구절은 "국가의 교전권에 대해서는, 이를 인정하지 않는다"라고 되어있지만, 이 '교전권'이라는 것에 대해서 조금 오해가 있는 것으로 생각됩니다.

교전권을 인정하지 않더라도 국가의 자위권은 남아있다는 사고방식이 있습니다. 대체로 그것은 자민당 정부가 계속해서 말해왔습니다. 그래서 헌법을 고치지 않고 자위대법을 만들고, '자위'라는 말을 되풀이해서 사용해온 것입니다. 자위는 교전권에 들어가지 않는다는 생각인 것입니다.

그러면 교전권이란 과연 무엇인가. 교전권을 방기하더라도 자위권은 남아있다고 한다면, 도대체 무엇을 방기했다는 것인가. 이 논리로 방기될 수 있는 것은 침략하는 권리밖에 없습니다. 교전권은 '침략권'이라는 설(說)이 되는 것입니다.

그런데 침략할 권리라는 것은 적어도 유엔헌장이 성립된 이래 국제법 속에서는 존재하지 않습니다. 침략할 권리를 가지고 있는 나라는 이 세계에는 존재하지 않습니다. 침략은 뉘른베르크재판의 3원칙 가운데서도 가장 심각한 전쟁범죄, 즉 평화에 대한 범죄입니다. 모처럼 얻은 소중한 평화가 있는데, 거기에 전쟁을 건다는 범죄입니다. 따라서 일본국 헌법이 침략할 권리만을 방기했다고 생각한다면, 다른 나라와 차이는 전혀 없는 것이 됩니다. 그러한 권리를 갖고 있는 나라는 없기 때문입니다.

교전권은 그런 의미의 것이 아닙니다. 유엔헌장이 성립된 이래 국제법 속에서, 국가에는 자위권밖에 허용되어 있지 않습니다. 침략을 받으면 그에 대해서 싸운다, 그러한 상황에서 비로소 교전권이 성립합니다. 침략하는 쪽은 전쟁범죄를 범하고 있는 것이 됩니다.

물론 유엔헌장이 있음에도 불구하고, 침략전쟁은 허다히 있어왔습니다. 그렇지만 전쟁을 일으킨 국가의 정부는 반드시 "이것은 자위전이다"라는 말로 침략을 정당화해왔습니다. 혹은 어떤 국가가 침략을 받으면 그를 도우러 간다는 '집단적 자위권'도 국제법에서 허용되고 있지만, 이것도 기본적으로는 자위권입니다. 그러므로 자위전쟁이 아니면 교전권은 성립되지 않습니다.

일본국 헌법 제9조는 그러한 근거에서 교전권을 인정하지 않는다고 적혀있기 때문에, 그 실질적인 의미는 매우 알기 쉽다는 것이 확실합니다. 즉 '자위 수단으로서의' 교전권을 방기한다는 것입니다. 물론 제9조를 변경하려고 하는 사람들도 그것을 알고 있고, 그래서 그것은 비상식적이라고 하는 입장에 서있는 것으로 생각됩니다.

교전권은 군대의 '인권'

교전권이라는 것은 전쟁을 하는 것 자체의 권리입니다. 좀더 구체적으로 말하면, 전쟁이라면 사람을 죽여도 죄가 되지 않는다는 특별한 권리입니다. 사람을 죽이는 권리인 것입니다.

일본의 역사 기억 속에서는 전쟁을 한다는 것은 곧 죽는다는 이미지가 있다고 생각됩니다. 전쟁이라고 하면, 해외로 나가서 죽어서 돌아온다는 이미지입니다. 하지만 당연한 일이지만, 스스로 죽으려고 하는 군대는 없으며, 전쟁이라는 활동은 기본적으로 상대방을 죽이는 것입니다. 물건을 운반하고, 굴을 파고, 건물을 짓는 등, 전쟁에는 여러가지 활동이 수반되지만, 건축활동과 결정적으로 다른 측면은 단 하나, 즉 사람을 죽인다는 것입니다.

군대의 입장에서 생각해보면, 사람을 죽인다는 이 권리, 교전권이라는 것은 매우 중요한 권리입니다. 군대가 군대이기 위한, 군대의 기본적인 '인권'인 것입니다. 인권이라고 하면 우습게 들릴지 모르지만, 군대의 입장에서 생각하면 매우 중요합니다.

그 권리 없이 전쟁을 하려고 한다면 엄청난 문제가 됩니다. 정부의 명령을 받아 해외로 나가서 사람을 죽였다고 해서 체포, 기소되어 사형을 받게 된다고 한다면, 아무도 군대에 가려고 하지 않을 것입니다.

이 교전권은 국제법에 의해 규정되어 있기도 합니다. 물론 거기에는 '바른 전쟁이라면', 즉 '전쟁법을 준수한다면'이라는 조건이 붙어있습니다.

전쟁법은 중세 유럽 이래 관습법으로 있어온 것이지만, 16세기부터 그로티우스를 비롯한 국제법 학자들이 그것을 문장으로 종합하였습니다. 19세기 말에 이르면 이것을 국제조약의 형태로 하자는 운동이 시작되어, 그것이 현재까지 계속되고 있습니다.

전쟁법에는 확실히, 전쟁 중의 심히 잔학한 행위를 전쟁범죄로서 제재하려고 하는 인도적인 측면이 있습니다. 그러나 동시에 전쟁을 '인도적인' 행위로 함으로써, 결과적으로 전쟁을 가능하게 하는 측면도 있습니다. 최종적으로 그것은 국가의 '사람을 죽이는 권리'를 규정하고 있기 때문입니다.

1949년의 제네바협정에서는 그것이 보다 상세히 보장되어 있습니다. 제네바협정은 특히 포로의 취급에 관한 것을 다루고 있습니다. '전쟁법에 따른 군대'라면 설령 적의 군대를 죽였다 하더라도 포로가 된 경우 죽이지도, 괴롭혀서도 안됩니다. 재판에 회부하여 기소하는 것도 금지되어 있습니다. 5분 전에 그 군대가 자신의 동료를 죽이는 것을 목격했다 하더라도, 포로로 대우해야 할 의무가 있는 것입니다. 그렇게 하지 않는 경우가 많은 게 확실하지만, 국제법에 의하면, 포로로서 정당하게 취급하지 않으면 안됩니다. 수용소에 들어가게 하고, 음식을 주고, 약을 주고, 옷을 주지 않으면 안됩니다. 제네바협정을 읽으며 놀라게 되는 것은 급료도 주어야 한다고 쓰여있는 대목입니다. (60~62조)

그리고 전쟁이 끝나면 무사히 돌아가게 할 의무가 있습니다. 돌아오게 되면 그들은 물론 살인범 취급을 받게 되기는커녕 영웅이 됩니다. 그것이 교전권이라는 것, 군대가 사람을 죽이는 권리인 것입니다.

국가는 '정당한 폭력'을 행사한다

더욱이 교전권은 근대국가의 기본적인 성격에도 연결되어 있는 권리입니다. 근대국가란 어떤 조직인가, 혹은 어떻게 정의되는 것인가. 여러가지 정의 가운데서, 19세기 말에서 20세기 초까지 활약한 독일의 사회학자 막스 베버가 내린 근대국가에 대한 정의가 정치학의 주류로 꽤 정착하고 있는 것으로 생각됩니다.

국가는 사회에 있는 다른 조직에 비해서 어떠한 특징이 있는가. 회사라든가, 교회라든가, 위계구조를 가진 조직도 많고, 사람들을 관리하는 조직도 많습니다. 국가가 그러한 조직들과 어떤 식으로 다른가 하면, 이른바 '정당한 폭력'을 독점하고 있다, 혹은 독점하고 있는 것으로 되어있는 조직이라는 점입니다. 막스 베버에 의하면, 그것이 근대국가의 본질입니다.

폭력의 '폭', 난폭의 '폭'은 정당한 것이 아니라는 의미가 이미

들어있습니다. 일본어에서 '정당한 폭력'이라고 하면, 말의 모순으로 들립니다. 영어의 'violence'나 막스 베버가 사용한 독일어 'Gewalt' 속에도 어느 정도는 비슷한 뉘앙스가 있지만, 조금더 중립적·물리적인 뉘앙스가 있습니다. 그것이 정당한가 그렇지 않은가 하는 것은 어떻든 간에, 사람을 물리적으로 강제하거나 고통을 주는 힘을 뜻합니다. '정당한 폭력'이라는 역어(譯語)는 막스 베버가 말한 것과 같은 의미로 정착한 것으로 생각됩니다.

이 '정당한 폭력'은 세종류가 있습니다.

그 하나는 경찰권입니다. 경찰이 사람을 체포하더라도 그것은 '폭행'이라고 생각되지 않습니다. 그러나 우리가 똑같은 짓을 한다면, 예를 들어 누군가를 강제적으로 방에 넣어놓고 문을 잠궈버리면, 그것은 인질로서 '체포, 구금의 죄'가 됩니다. 그것은 '폭행'입니다. 그러나 경찰이 하면 그렇지 않습니다. 경우에 따라 경찰관은 경찰봉으로 사람의 머리나 얼굴을 때려도, 그것은 폭력이 아니라 직무상의 임무입니다. 일본 경찰은 별로 사용하지 않지만, 경우에 따라 사람에게 총격을 가하기도 합니다. 그렇게 해도 살인범이 되지는 않습니다. 막스 베버라면 'Gewalt'라고 말했겠지만, 아무도 일본어로 그것을 '폭력'이라고 하지는 않습니다. 순경이 은행강도를 저지르면 보통의 범죄자로 취급되지만, 정부를 그리고 정부가 만든 법률을 대리해서 그 직무상 필요한 '강제력'을 사용하는 한, 정당한 행위가 됩니다. 그것이 경찰력, 경찰권입니다.

그리고 국가에는 처벌권이 있습니다. 유죄판결이 나면, 정부는 사람에게서 돈을 강제적으로 취할 수 있습니다. 그것은 공갈이 아니라 벌금이라고 불립니다. 혹은 몇십년 동안 좁은 방에 가두어놓을 수도 있고, 혹은 사형에 처할 수도 있습니다. 일본이라면 사람을 목매달 수도 있습니다.

경찰권, 처벌권 그리고 세번째가 교전권입니다. 이미 말한 바와 같이, 이것은 전쟁이라면 그리고 전쟁법에 따른다면, 사람을 죽이는 것이 가능한 것입니다.

폭력이 폭력이 되지 않는 마법

이것은 매우 당연한 것으로 되어있고, 세계의 '상식'으로 되어 있지만, 다시 생각해보면 거기에는 심히 불가사의한 사실이 있는 것으로 생각됩니다. 국가가, 즉 경찰이든 재판관이든, 혹은 군대가 막스 베버가 말하는 '폭력'을 사용할 경우, 웬일인지 그것은 충격적인 일이 되지 않습니다. 개인이 같은 행위를 한 경우와 달리, 그것을 한 것이 국가라면 아무것도 충격적인 것이 아닌 것으로 됩니다. 거기에는 국가의 마법이 작용하고 있다고 생각할 수밖에 없습니다.

한사람의 테러리스트가 레스토랑에 폭탄을 던져 거기에 있던 5~6명의 사람들을 죽였다는 신문기사를 읽게 되면 참으로 슬퍼집니다. 인간은 어떻게 해서 그러한 짓을 할 수 있는가, 정말로 가련한 사람들이라고 생각합니다. 충격 속에서 절망감을 느끼거나, 역시 인간은 나쁜 동물이야라고 생각하거나 합니다.

그런데 예를 들어 최근에도 미군은 때때로 이라크를 공습하고 있습니다. 그것은 신문 1면의 큰 기사가 아니라, 5페이지나 6페이지쯤의 작은 기사로 적혀있습니다. 몇명이 죽었는가 하는 것은 적혀있지 않습니다. 아마 미군도 모르고 있을 것입니다. 사람이 죽었는지 어찌되었는지 알지 못합니다. 그래서 기사를 읽어도 거의 아무런 느낌도 없습니다.

즉 국가가 하면 좀처럼 폭력으로 느끼지 않습니다. 경우에 따라 테러리스트가 죽인 사람들의 수효보다 몇배나 더 많은 사람들이 죽습니다. 레스토랑 속만이 아니라, 레스토랑이 들어있는 빌딩 전체가 파괴되는 경우도 있습니다. 하지만 정부가 했기 때문에 역시 다른 것이라는 느낌이 있습니다.

도대체 정부가 왜 이렇게 하는가 하고 생각하는 게 아니라, 사람이 죽는다는 현상 그것을 우리는 다른 방식으로 느끼는 것입니다. 그런 사람들의 고통이나 아픔이 우리에게 전해지지도 않습니다. 피해자 쪽에서 생각하면 동일한 현상인데도 말입니다. 몸이 상하고, 뼈가 부러지는 것은 누구에게나 고통스러운 것이며, 그들의 가족이나 친척은 우리와 마찬가지로 슬퍼하고 있음에도 불구하고, 그러한 사정이 우리에게 전해져 오지 않는 것입니다. 정당한가 어떤가 하는 것과는 별개의 차원에서, 폭력이라는 현상 그것이 다른 현상이 되는 것입니다.

그러한 국가의 힘은, 국가의 이론 이전의 마법이라고 생각됩니다. 우리는 매우 합리적이고 세속적인 시대에 살고 있는 것으로 되어있지만, 국가는 아직 완전히 탈신비화되어 있지 않습니다. 왕권신수설의 시대에는 국가(국왕)는 신(神)의 대리로서 질서를 확립하고 있다고 생각되어, 국가에는 성스러운 측면이 있었습니다. 그러나 근대의 정치사상에 의해서 국가는 세속화되었습니다. 국가는 국민주권에 근거한 공리주의적인 사회계약으로 된 조직이며, 신비적인 요소는 남아있지 않은 것으로 되어있습니다. 그러나 지금도 국가에는 폭력행위를 전혀 별개의 것으로 변화시키는 불가사의한 힘이 있습니다. 국가의 마법이라고 부르고 싶은 힘입니다. 하지만 여기서 중요한 것은, 그것은 마술이 아니라 인간의 손으로 만들어진 요술에 지나지 않는다는 점입니다.

국가에 폭력행사 권리를 부여한 결과

그 요술이 어떻게 기능하고 있는가는 매우 이해하기 어렵습니다. 그보다 어째서 우리가 그러한 '정당한 폭력'을 행사할 권리를 국가에 부여했는가 하는 쪽이 이해하기 쉽기 때문에 그것부터 살펴봅시다.

우리가 국가에 부여하고 있다고 말하는 것은 이유가 있습니다. 예외도 있지만, 앞에서 말한 바와 같이 세계의 거의 모든 나라에서는 사회계약론이 정착하고 있습니다. 주권재민이라는 논리도 20세기 동안 거의 정착하였습니다. 즉 국가가 가지고 있는 권리나 권한은 신으로부터 받은 것도, 자연에서 생겨난 것도 아니라, 국민의 사회계약으로부터 태어난 것이라는 사고방식입니다. 이 원칙은 세계인권선언에도 적혀있습니다. (21조 3항)

물론 사회계약 자체에도 신화적인 측면이 있습니다. 즉 언제, 어디서, 누가 그 계약을 맺었는가 하고 물어보면, 그것은 대답하기 어렵습니다. 그러나 근대국가의 권력의 원동력이 국민의 지지에 있다는 사실을 반영하고 있는 논리입니다. 물론 20세기에는 전체주의라는 정치형태도 있었지만, 거기에는 사회계약론의 형태로 되지는 않더라도 "국민의 의사를 대표한다"는 이데올로기가 사용되어왔습니다. 전체주의 정부에서조차도 국민(혹은 국민의 다수)의

지지 없이는 불가능하다는 사실이 있고, 그 권력은 국민이 정부에 넘겨준 것으로 말해지고 있습니다.

따라서 정치권력의 역학으로부터 생각해보더라도, 국가권력은 국민의 지지(적극적인 지지건, 소극적인 승인이건)에 의해서만 가능하다는 것입니다. 그러므로 국가에 '정당한 폭력'의 권리가 있다면, 그것은 국민이 국가에 주었다고 할 수 있는 것이 됩니다.

어째서 주었는가 하는 이유는 간단, 명쾌하다고 생각됩니다. 국가가 그것을 사용해서 우리를 지켜줄 것이라는 기대가 있었기 때문입니다.

이런 논리가 가장 명확히 나와있는 것은, 17세기 영국의 토마스 홉스가 쓴 《리바이어던》이라는 책이라고 생각됩니다. 즉 국가가 없다면 "만인과 만인의 투쟁", 개인과 개인 사이의 폭력이 지배하는 세계가 될 것이다, 그러므로 개인의 폭력의 권리를 정부에 넘겨주면, 정부가 대신해서 사회의 안전을 보장해줄 것이라고 기대하는 것입니다. 홉스의 말은, 비폭력사회가 되지는 않지만 폭력이 줄어들어 상대적으로 안전하게 될 거라는 것입니다. 정부가 없는 상태보다도 있는 쪽이 어떻든 안전하다, 그러한 생각입니다. 정부가 있으면 폭력에 의해서 죽는 인간의 수는 감소할 것이 분명하다는 것입니다. 이 책은 일본에서도 고등학교 사회시간에 소개되고 있다고 생각합니다. 적어도 거의 대부분의 대학생은 이 "만인과 만인의 투쟁"이라는 유명한 말을 알고 있습니다.

물론 이 홉스의 논리는 가설입니다. 홉스는 영국의 청교도혁명 시대, 내란의 시대에 태어났습니다. 비상히 폭력적인 시대였기 때문에 당시의 세계를 보고 그와 같이 생각하게 된 역사적 배경이 있는, 어디까지나 가설입니다. 리바이어던, 즉 정당한 폭력을 독점하는 국가를 만들면, 사회는 안전하게 된다는 가설입니다.

20세기 초까지는 '정당한 폭력'을 독점하고 있는 근대국가, 주권국가의 수는 아직 적었습니다. 하지만 20세기, 특히 제2차 세계대전 후에는 식민지로부터 해방된 아시아, 아프리카, 이른바 제3세계에 차차로 국가가 생겨나, 지금은 유엔에 가입된 국가 수는 180여개에 이르고 있습니다. 이 지구상에 그러한 '정당한 폭력'을 독점하고 있는(혹은 독점하려고 하는) 국가 밑에서 살고 있지 않은 인간은 거의 남아있지 않습니다. 이것은 세계의 원리원칙이 되어있다고 말해도 좋습니다.

그러한 의미에서 20세기는 홉스의 이론이 대대적으로 실험된 시대였다고 생각할 수 있습니다. 이제 2000년이 되었기 때문에 이 실험의 결과가 나오고 있다고 생각합니다. 이 100년간을 되돌아볼 때 어떤 모양이었는가 생각해봅시다.

결과는 확실하다고 말할 수 있습니다. 20세기만큼 폭력에 의해 살해된 인간의 수가 많았던 100년간은 인류의 역사에 없었습니다. 이것은 선례가 없는, 전혀 새로운 기록입니다. 그리고 누가 가장 많이 사람을 죽였는가 하면, 개인도 아니고, 마피아도 아니고, 조직깡패도 아닙니다. 그것은 국가입니다. 아예 비교할 수가 없습니다. 엄청난 수의 사람을 죽여왔습니다.

하와이대학의 럼멜이라는 학자가 쓴 《정부에 의한 죽음》이라는 책이 있습니다.[1] 이 사람은 얼마 만큼의 인간이 국가에 의해서 살

---

1) R. J. Rummel, *Death by Government*, New Brunswick, N. J. : Transaction Publishers, 1994.

해되었는가라는 통계를 수집해온 전문가입니다. 국가에 의해서 살해된 인간의 수는 이 100년 동안 203,319,000, 즉 2억명에 달합니다. 이것은 그의 결론입니다. 물론 이 숫자는 과장된 것인지 모릅니다. 그러나 과장된 것이라 해서 절반으로 줄여보아도 결론은 변함없습니다.

20세기에는 괴물과 같은 국가가 몇 있어서, 그것이 이 무시무시한 통계를 만들어놓은 게 확실합니다. 나치 독일이 600만명 혹은 그 이상의 유태인을 살해했다고 말해지고 있는데, 그것도 이 숫자 속에 들어가 있습니다. 그리고 럼멜에 의하면, 스탈린시대의 소련에는 고의적인 아사(餓死)정책이 있어서, 이것도 통계에 포함되어 있습니다. 사고방식에 따라서는 그것을 포함시키지 않는 사람도 있을지 모릅니다. 포함시키지 않더라도 무시무시한 숫자, 가공할 통계라는 것에는 변함이 없습니다.

국가는 국민을 지켜온 게 아니다

또하나 경악할만한 것이 있습니다. 그것은 국가가 누구를 죽여왔는가 하는 것입니다. 만약 살해된 사람이 거의 외국인이라고 한다면, 이것이 가공할 통계라 하더라도 어떻든 국가는 자기 국민과의 처음의 약속을 지켜왔다고 읽힐 수 있습니다. 각 국가가 적국의 군대를 죽인다고 한다면 그렇게 말할 수 있을 것입니다.

그런데 그렇지 않습니다. 살해된 것은 외국인보다도 자국민 쪽이 압도적으로 다수입니다. 럼멜에 의하면, 국가에 의해서 살해된 약 2억명 가운데 129,547,000, 약 1억3,000만명이 자국민이라는 것입니다.

물론 통계는 여기서도 또 600만명의 유태인이라든가, 스탈린이 죽였다고 하는 농민들도 포함한 것이지만, 그렇다 해도 잘 생각해 보면, 지금의 세계에도 자기 국민밖에 죽이지 않는 군대를 가진 국가는 많이 있습니다. 필리핀 군대는 제2차 세계대전 이래 외국인과 싸워본 일이 한번도 없지만, 필리핀사람들을 많이 살해해왔습니다. 인도네시아정부는 "동티모르인은 인도네시아인이다"라고 주장하면서 죽여왔습니다.

이것은 어느 멕시코사람에게서 들은 얘기입니다만, 멕시코는 어째서 군대를 갖고 있는가, 누구와 전쟁을 하는가 ― 남쪽으로 접해있는 작은 나라 과테말라와 전쟁한다는 것은 아무도 예측하고 있지 않으며, 북쪽 국경을 향하면 미국이 있는데, 미합중국과 전쟁한다면 멕시코 군대는 아무런 쓸모도 없다고 그는 말했습니다. 그런데도 어째서 군대가 있는가. 멕시코인 자신과 전쟁하기 위해서입니다. 예를 들면, 최근에는 남부의 치아파스주 원주민과의 분쟁이 신문에 크게 나오고 있습니다.

일본 이외에 또하나 평화헌법을 가지고 있는 나라가 코스타리카라는 것은 유명합니다. 코스타리카 헌법도 마찬가지로 군사력을 유지하지 않는다고 규정하고 있지만, 그 성립 사정은 일본의 평화헌법과 전혀 다릅니다. 코스타리카는 누군가를 침략하여 전쟁에서 져 반성한 역사가 없습니다. 작은 나라이기 때문에 이웃나라를 침략할 이유가 없습니다. 그러므로 중남미의 정치문화의 문맥 속에서 그것을 읽어내지 않으면 안됩니다. 즉 군부를 만들면 바로 군사쿠데타를 일으켜 독재정권을 만듭니다. 중남미의 역사는 그렇게 되풀이되어왔습니다. 그래서 코스타리카사람들은 군부를 만들지 않기로 결심한 것입니다. 만들면 국민을 해치기 때문입니다. 정부가 국민에게 가하는 폭력을 제한하기 위해서 평화헌법을 만든 것입니다.

20세기는 전쟁의 세기였지만 가장 많은 사람이 살해된 전쟁은 국가 간의 전쟁이 아니라 국가와 자국민 사이의 오랜 전쟁이었습니다.

그리고 국가가 살해한 2억명은 대부분 전투원이 아니었습니다. 지금도 그렇지만 국가 간의 전쟁에서도 군인이 죽는 수보다도 비전투원 사망자 수가 반드시 더 많습니다. 생각해보면 당연합니다. 군대는 죽이기 어렵기 때문입니다. 무기를 갖고 있고 훈련을 받아, 몸을 지키는 방법을 알고 있으므로 죽이기 힘듭니다. 그것에 비해서 비전투원은 무기도 갖고 있지 않고, 자기방어 훈련도 받지 않았기 때문에 자기 몸을 지킬 방법을 모릅니다. 전장에서 되는 대로 도망가지만, 매우 죽이기 쉽습니다.

럼멜은 '데모사이드(democide)'라는 말을 만들었습니다. 그것은 정부가 고의적으로 비무장 민간인을 죽인다는 의미입니다. 데모사이드는 전쟁에서 적의 군대를 죽인다고 하는 국제법으로 허용된 '정당한 폭력'과 달리, 정부에 의한 명백한 살인입니다. 일본어로 옮기면 '민살(民殺)'이라고 해야 할지 모릅니다. 럼멜에 의하면, 전쟁에서 '정당하게' 죽은 군인의 수보다도 '민살'로 죽은 수가 압도적으로 많습니다. 국가에 의해 살해된 2억명 중에 '정당한' 전사자는 34,021,000명이지만, 국가에 의한 민살은 169,198,000명, 약 5배나 됩니다.

또하나, 럼멜이 통계로 실증해 보여주는 것은 정부가 권위주의적일수록 사람을 죽이는 수, 특히 민살이 많아진다는 것입니다. 그는 모든 정부를 전체주의, 권위주의, 대의민주주의 등 3개의 카테고리로 나누고 있습니다. 그렇게 해서 다음과 같은 결과를 얻었습니다.

	민살	전쟁
대의민주주의	2,028,000	4,370,000
권위주의	28,676,000	15,298,000
전체주의	137,977,000	14,354,000
기타(테러 등)	518,000	

그는 이로써 민주주의를 옹호하려고 합니다. 확실히 이것은 민주화운동의 대의명분이 된다고 생각됩니다. 하지만 잊어선 안될 것은, 원자폭탄을 떨어뜨린 나라는 이른바 대의민주주의 국가뿐이었다는 사실입니다.

제9조는 현실적인 제안이었다

어쨌든 이 20세기의 역사기록은 하나의 현실입니다.

앞으로 안전보장정책을 고려할 때, 나는 현실주의를 권장하고 싶습니다. 특히 안전보장을 생각하는 경우 현실주의자가 되고 싶습니다. 꿈 같은 게 아니라 현실적으로 안전한 세계를 만들지 않으면 의미가 없기 때문입니다. 그렇게 하기 위한 첫걸음은 우선 현실을 보는 것입니다. 무엇이 현실인가 하면, 이 경우는 역사의 기록이 첫째입니다.

100년 동안 해온 것을 봅시다. 국가에게 사람을 죽여도 좋다고 허가한 결과, 그 허가를 이용하여 국가는 엄청나게 많은 사람을 죽였습니다. 생각해보면 당연한 일인지도 모릅니다. "죽여도 좋다"라고 국민이 말했기 때문에 국가는 많은 사람을 죽였다고 할 수 있습니다. 이러한 역사를 인식하고, 그것을 바로 고치는 것이 진정한 현실주의가 아닐까요.

달리 말한다면, 오늘날 일본의 이른바 '현실주의' 정치가들이, 군사력을 가지지 않으면 안전보장이 불가능하다, 군사력을 가지고 있는 쪽이 사회의 안전을 지킨다고 말하고 있지만, 대체 그 근거는 어디에 있고 증거가 무엇인지 들어보고 싶습니다. 머릿속의 얘기가 아니라, 홉스의 책을 근거로 하는 얘기도 아니라, 역사의 기록에 증거가 어디에 있는지 듣고 싶습니다. 그 증거를 보여달라고요.

일본 역사를 가지고 생각해봅시다. 일본정부는 언제 가장 큰 군사력을 가지고 있었던가. 군사적으로 가장 강했던 시대는 몇년부터 몇년까지였던가. 그리고 폭력에 의해 죽은 일본국민의 수가 가장 많았던 것은 언제였던가. 완전히 같은 시대였습니다. 그러한 것을 생각하는 것이 현실주의가 아닐까요. 이번에는 괜찮다고 말할 수 있는 근거는 어디에 있습니까.

이러한 문맥 속에서 생각해보면, 일본국 헌법 제9조는 낭만주의가 아니라 비상히 현실주의적인 제안이었다고 나는 생각합니다. 그것을 생각한 것은 맥아더와 누사하라(幣原)였다고 말하고 있지만, 맥아더와 누사하라는 아나키스트도 아니고, 유토피아주의자도 아니었습니다. 어디까지나 현실주의적인 정치가 혹은 군인이었습니다.

두 사람 모두 1945년의 일본의 현실을 보고, 판단한 것이 아닌가요. 그들이 제9조를 생각한 것은 세계가 바야흐로 핵의 시대로 들어간 때와 장소였습니다. 언제? 1945년. 어디? 일본. 그들은 그때, 그 장소에서 제9조를 생각하였습니다. 히로시마와 나가사키까지 가지 않더라도 그 무렵의 도쿄를 보는 것만으로 충분했습니다. 이 시대에 국가의 군사력만으로 국민의 생명을 지킨다는 것은 불가능하다는 것을 말입니다. 군사력을 아무리 많이 가져도 이렇게 된다, 이것은 참혹하다라고 생각한 게 아닌가. 맥아더가 직업군인이었기 때문에 더욱, 도쿄를 보고서도 충분히 이해했을 것입니다. 제9조는 그때의 파괴의 규모라는 현실에 기초해서 쓰여진 것이 아닌가, 생각되는 것입니다.

그런데 맥아더 자신, 그것을 곧 잊어버리고 말았습니다. 바로 보통의 '상식'으로 되돌아가버린 것입니다. 한국전쟁에 임해서 이전의 논리로 되돌아가버렸습니다. 만일 헌법이 1년 뒤에 작성되었다면 제9조는 없었을 것이라고 생각합니다. 그러므로 일본국 헌법이 가능했던 역사적 순간이라는 것은 비상히 중요한 것이었다고 생각됩니다. 그 순간에 볼 수 있었던 것입니다. 1년 지나서, 맥아더가 보통의 사고방식으로 돌아가버린 때였다면 늦었을 것입니다. 그러나 제9조가 담긴 헌법은 가능해졌습니다. 가능해진 뒤에는 취소할 수 없습니다. 그렇게 간단히 바꿀 수는 없기 때문입니다. 제9조는 그러한 존재입니다.

제9조가 만든 '평화상식'

이미 말한 바와 같이 제9조와 전문이 문자 그대로 실현된 것은 아니고, 곧바로 경찰예비대에서 자위대가 가능해지고 자위대의 권한이 조금씩 확대되는, 비상히 모순된 상황으로 된 것이 확실하지만, 그래도 제9조는 확실히 효과가 있었다고 생각됩니다.

자위대가 있고 미군기지가 있다는 모순적인 상황이라고 하더라도, 그 속에 또하나의 사실이 있다고 생각됩니다. 그것은 일본국 헌법이 성립한 이래 반세기 동안 일본정부가 교전권에 근거하여 단 한사람의 인간도 죽인 일이 없다는 사실입니다. 이것은 매우 중요한 역사적 사실이라고 생각합니다.

전후 반세기 동안 일본인들은, 2세대 혹은 3세대에 걸쳐 전쟁을 경험하지 않고, 전쟁에 나가지 않는 사람들로서 성장한 것입니다. 즉 전후 일본사회 속에서는 사람을 죽이지 않는 게 당연한 것이 되었습니다. 사람을 죽이지 않으면 안될지도 모른다고 생각하고 있는 인간은 이 사회에 거의 없습니다. 이것을 나는 일본의 '평화 상식'이라고 이전부터 불러왔습니다.

확실히, 이 일본의 상식과 다른 큰 국가들의 상식은 매우 다릅니다. 오자와 이치로(小澤一郎)가 잘 말한 바와 같이, 세계의 상식과는 다릅니다. 그것은 사실입니다. 그러므로 일본의 상식을 세계의 상식에 부합되게 하여야 한다는 것은 물론 잘못입니다. '세계의 상식'이라는 것은, 앞에서 말한 바와 같이 가공할 통계 결과를 낳은, 극히 비상식적인 상식이기 때문입니다.

내 자신의 나라와 비교하면, 이 반세기 동안 미합중국은 계속해서 전쟁을 하고 해왔습니다. 한국전쟁, 베트남전쟁, 그라나다 및 파나마 침략, 걸프전쟁 등. 지금도 이라크에 대한 공습을 계속하고 있습니다. 클린턴 정권만으로도 아이티, 소말리아, 아프가니스탄, 이라크, 수단, 코소보 등, 여기저기로 군대를 보내 살인을 행하고 있습니다.

미합중국의, 특히 남성들의 문화 속에는 사람을 죽여야 할지도 모른다는 것이 당연한 '상식'입니다. 아이들은 어떻게 해서 어른이 됩니까. 아이들은 주위의 어른들을 보고 어른이 되는 조건이 무엇인가를 판단합니다. 미국만이 아니라 일본 이외 다른 큰 나라에서도 그렇다고 생각되지만, 특히 남자가 어른이 된다는 것은 "사람을 죽이는 인간으로 된다"라고 정의되고 있습니다. 가까이 있는 형이라든가, 백부나 아버지라든가 하는 사람들이 사람을 죽이고 돌아오는 것을 보고 거기서 읽고 배웁니다. 미국에서 아이들이 전쟁놀이를 한다는 것은, 아이들의 입장에서 본다면 틀림이 없는 올바른 사회를 읽어내고 있다는 것이 됩니다. 일본의 '평화상식'에 대해서 이른바 미국의 '전쟁상식'인 것입니다. 전쟁하는 나라의 상식은 이러한 것입니다.

나 자신은 전쟁에 나가본 적이 없습니다. 해병대에 들어갔지만 마침 그때는 전쟁이 없던 때였습니다. 50년대 후반에 내가 대학 학부에 있을 때, 한국전쟁에서 대학으로 돌아온 조금 연상의 동급생이 있었습니다. 전쟁경험을 하고 돌아온 그러한 3년인가, 4년 선배 중에 자신의 책상 위에 한반도에서 습득한 두개골을 장식용으로 사용한 사람이 있었습니다. 두개골을 촛대에 걸쳐 세워 모양 좋게 만들어두고는 그것을 모두가 보기 좋다고 말하는 것이었습니다. 틀림없이 조선인 — 물론 군인은 아니었을 겁니다 — 비전투원 누군가의 두개골을 어딘가 전장에서 습득해서는 좋아하고 있었습니다. 그 사람은 지금 대학교수가 되어있습니다.

러시아, 프랑스, 영국, 지금의 인도나 파키스탄도 그렇지만, 미국을 비롯한 핵보유국에서는 대통령이나 수상이 되려고 한다면, 적국의 도시와 마을에 핵무기를 투하할 수 있는 인간이 아니면 그 자격이 없습니다.

일본사회에서는 도시나 마을에 핵무기를 투하하는 인간이라는 것은 어떻든 비상식적인, 정상이 아니라는 느낌이 있습니다. 그런 사람은 정신과 상담을 받는 게 좋다고 생각할 것입니다. 그러나 핵무기를 가지고 있는 이상, 그것을 사용할 수 있는 인간이 아니면 국가원수가 되기에는 부적합한 것입니다.

몇년인가 전에 제랄딘 페라로라는 여성이 미국 부통령 후보로 선거에 나왔는데, "만일 전쟁이 시작되면 여성으로서 핵을 사용할 수 있겠는가?"라고 기자회견에서 집요한 질문을 받았습니다. 그녀는 "할 수 있지요"라고 강한 목소리로 대답하지 않을 수 없었습니다. 그렇게 답하지 않으면 큰 문제가 되는 것입니다. "할 수 있다"는 대답으로 모두가 안도의 한숨을 쉬었습니다.

왜 이런 말을 하느냐 하면, 이러한 비교를 통해서 일본의 '평화 상식'이 어떠한 것인가 볼 수 있지 않을까 해서입니다.

전쟁은 반드시 되돌아온다

또하나, 전쟁을 많이 하면 어떻게 되는가. 앞에서 자국민을 많이 죽이는 정부가 있다고 말했지만, 미합중국은 남북전쟁 이래, 혹은 인디언과의 전쟁 이래, 국내에서는 그다지 자국민을 죽이지 않았습니다. 그리고 비상히 요행스럽게도, 미국-스페인전쟁, 제1차 세계대전, 제2차 세계대전, 한국전쟁, 베트남전쟁, 그 밖의 많은, 관련된 전쟁 전부를 해외에서 치러왔습니다.

군인은 죽었더라도 미국의 도시나 마을이 파괴되지는 않았습니다. 이것은 어떤 의미에서, 군사전략으로서 하나의 이상이라고 말할 수 있습니다. 전부 상대 국가에서 치른다는 것 말입니다. 그 점에서 미국은 대단히 잘하고 있다고 말할 수 있겠지만, 그럼에도 결국 전쟁은 다른 형태로 되돌아오게 마련입니다.

미국사회는 근본에서부터 매우 폭력적인 사회라고 할 수 있지만, 특히 베트남전쟁 이래 훨씬더 폭력적으로 되어, 많은 사람들이 죽임을 당해왔습니다. 갱에 의한 살인사건이라든가, 알 수 없는 연쇄 살인사건이 차례차례 발생하였고, 그것은 지금 현재도 계속되고 있습니다. 어떻게 해서 이렇게 되었는가, 이 30년 동안 논쟁이 계속되고 있고, 이런저런 가설이 나오고 있습니다. 총을 지니고 있기 때문에, 혹은 텔레비전이나 만화, 텔레비전게임의 폭력이 주는 영향, 혹은 모두가 교회에 나가지 않기 때문에, 혹은 가족이 약해져 이혼이 많아졌기 때문에, 혹은 마약, 혹은 빈부격차, 혹은 인종차별이 아직 해결되지 않아서 … 이런저런 가설, 학설이 있지만, 또하나 미국에서는 거의 아무도 논의하지 않는 사실이 있습니다.

매년 몇십만의 사람들이 살인훈련을 받고 있다는 사실입니다. 대단히 큰 살인학교가 있어서, 미국에서 몇백만명의 ― 주로 남자들 ― 사람들이 그 살인학교를 졸업하였습니다. 그 살인학교라는 것은 물론 군대입니다.

나도 군대에 있었기 때문에 잘 알지만, 군대의 훈련 중에선 이런저런 기술도 가르치지만, 그 이외 군대의 훈련에는 큰 목표가 있습니다. 보통, 사람은 사람을 죽이질 못합니다. 저항이 있어서, 그리 간단히는 되지 않습니다. 적이라고 해도 실제로 인간의 몸을 겨냥해서 공격할 수 있는 사람은 많지 않습니다. 군대에서는 그 저항을 없애는 훈련을 하는 것입니다. 죽이지 못하는 인간을 죽이는 인간으로 훈련시킵니다.

그것만이 아니라, 해외에서 실제로 사람을 죽이는 경험을 하고 있습니다. 그리고 미국은 해외에서만 전쟁을 하고 있기 때문에 진정한 방위전쟁을 한번도 해본 적이 없습니다. 누군가가 아메리카 대륙을 침략하여, 그것을 격퇴하기 위한 전쟁을 해본 적이 없습니다. 한반도나 베트남 혹은 걸프만에서 어째서 전쟁을 하는지, 병사들에게 아무리 설명을 하더라도 병사들은 별로 믿지 않습니다. 그들은 냉소적으로 될 뿐입니다. 니힐리즘, 부도덕주의 교육과 살인교육을 동시에 하고 있는 셈입니다.

그러한 교육을 받은 병사들이 돌아와서 가르침 받은 것을 계속할 가능성이 높다고 예측할 수 있습니다. 실제로 살인범들 가운데 베트남전 귀환병이 꽤 많습니다. 오클라호마시티에서 큰 테러사건이 있었지만, 그 범인은 걸프전쟁의 폭약전문가였습니다. 거기서 익힌 것을 실천한 셈입니다. 콜로라도주 덴버 부근의 리틀턴에서 살인사건이 있었습니다. 고등학생이 많은 고등학생을 죽였습니다. 그들은 군대경험은 없지만 언제나 군복을 입고 다니고, 군대숭배 사고방식을 가지고 있었습니다. 어째서 그들이 사람을 죽였는가, 이런저런 얘기가 신문을 뒤덮었습니다. 하지만 미국정부가 군(軍)이라면 사람을 죽여도 좋다고 국민에게 가르치고 있다는 것, 그것을 원인이라고 지적한 얘기는 신문 어디에도 보이지 않았습니다.

일본사회에도 살인범이 없지 않고 최근 들어 조금씩 증가하고 있는지도 모르지만, 세계적으로 볼 때는 통계적으로 적은 쪽이라고 생각합니다. 거기에도 일본의 '평화헌법'이 작용하고 있는 게 아닐까요.

일본 헌법 제9조는 그러한 효과를 가지고 있었습니다. 실제로 현실적으로 그러한 효과가 있었고, 지금도 있다고 생각합니다.

개인의 정당방위로 군사행동은 불가능하다

일본 국내에 그러한 효과가 있지만, 제9조는 세계적으로는 시대에 앞선 것인지도 모릅니다. 실제 일본정부는 직접 전쟁에 관여하지 않았지만, 동시에 일본국 헌법 제9조는 20세기의 전쟁에 관한 '상식'에 대해서 비판하는 기능도 가지고 있고, 냉전과 탈냉전의 세계에 대해서 마땅히 큰 제안이 되기도 한다고 생각합니다.

냉전구조 속에서 '평화'라는 말은 꽤 하기 힘들었습니다. 냉전구조 속에서 미국에서 평화를 말하면 소련을 응원한다고 여겨지고, 소련에서 평화를 말하면 미국을 응원하는 것으로 의심받기 때문이었습니다.

냉전은 끝났습니다. 이제 평화를 말한다고 해서 좌익이 될 필요도 없고, 어떠한 주의자가 되지 않아도 좋습니다. 평화는 당연한 희망인 것입니다. 냉전이 끝났을 때, 이제는 평화주의의 차례가 아닌가라고 많은 사람들이, 나도 포함해서, 생각했습니다. 이제부터는 예를 들어, 일본국 헌법 제9조를 세계의 이념으로 해야 한다고 말하더라도 빨갱이라든가, 무슨 주의자라든가 하는 말은 듣지 않게 된 시대가 되었다고 말입니다.

실제, 90년대에 접어들면서 제9조를 세계를 향해 널리 알리면서, 세계 속으로 널리 확대하려는 운동이 시작되었습니다. 그것은 대단히 희망적인 운동이라고 나도 생각해서 참가하였습니다. 일본 이외에 거의 알려지지 않았기 때문에 교전권의 방기를 선언한 제9조의 존재를 듣고는 놀라는 사람들도 많았습니다.

그것이 가능해지려고 하는 시대에 일본정부가 제9조를 없애는 적절한 시기라고 판단한 것은, 역사의 (아이러니라기보다) 비극이라고 생각합니다. 기어이 자위대를 PKO로서 해외에 파견하려고 하는 노선을 취하고, 그리고 이번에는 PKO만이 아니라 전쟁에 참가할 수 있는 자위대로 바꾸려고 하고 있습니다.

1999년 5월 24일 가이드라인 관련법안이 가결되었습니다. 그 속에는 일본을 전쟁할 수 있는 국가로 변화시키려는 의도가 확실히 읽혀집니다. 물론 이 신(新)가이드라인 관련법, 자위대법 개정, 주변사태법에 의해서 헌법 제9조가 없어진 것은 아닙니다. 미묘한 구별이지만, 제9조는 아직 존재하고 있음에도 불구하고, 정부는 거기에 따르지 않는다, 그것을 지키지 않을 것이라는 것을 확실히 언명한 셈입니다. 그러한 의미라고 생각됩니다.

그것을 이해하기 위해서, 주변사태법의 핵심과 PKO협력법의 핵심을 비교해봅시다. PKO협력법에는 PKO활동에 나가는 자위대가 언제 무기를 사용할 수 있는가 하는 것이 쓰여있습니다.

PKO협력법 제20조 4항
전 3항의 규정에 의한 소형무기 혹은 무기의 사용에 대해서는 형법 (중략) 제36조 또는 제37조의 규정에 해당하는 경우를 제외하고, 사람에게 위해를 끼쳐서는 안된다.

즉 무기의 사용은 형법의 제36조, 제37조에 따르는 것으로 되어있습니다. 그 형법 제36조, 제37조라는 것은,

형법 제36조 : [정당방위] (1) 급박부정(急迫不正)의 침해에 대해서, 자기 또는 타인의 권리를 방위하기 위해 어쩔 수 없이 한 행위는 벌하지 않는다.
형법 제37조 : [긴급피난] (1) 자기 또는 타인의 생명, 신체, 자유 또는 재산에 대한 현재의 위난(危難)을 피하기 위해 어쩔 수 없이 한 행위는, 이에 의해 생겨난 해가 피하려고 한 해의 정도를 넘지 않은 경우에 한해서 벌하지 않는다. 다만, 그 정도를 넘은 행위는 정상에 의거, 그 형을 경감 혹은 면제할 수 있다.

개인의 정당한 방위, 혹은 긴급피난에 한해서, 막스 베버가 말하는 폭력(Gewalt)을 사용하더라도 반드시 위반은 아니라는 법률입니다.

정당방위라는 것은 예를 들어, 도둑이 자기 집에 들어오든가, 자기의 아이를 인질로 하려는 경우, 그것을 막거나 혹은 자기의 목숨을 지키기 위해, 다른 방법이 없으면 식칼이건, 금속 배트이건, 의자이건, 무엇이라도 사용해서 그 사람을 구타, 상해를 입힐 권리가 있다는 것입니다. 예를 들어, 사람을 상하게 하거나 죽인 경우에 경찰이 조사하러 옵니다. 그리고 이런저런 질문을 하고, 경우에 따라 명백한 정당방위라고 경찰을 설득할 수 있으면 체포

되지 않습니다. 만일 경찰이 판단할 수 없으면 체포되어 조사를 받습니다. 경우에 따라 검사가 기소할지도 모릅니다. 그 경우는 재판에서 자기의 변호사를 통해서, 이것은 제36조에 기초한 정당방위였다는 것을 주장하고, 잘되면 무죄판결이 나올지 모릅니다. 권리가 있다는 것은 그러한 것입니다.

특히 일본에서는 정당방위의 변호에 관해서는 꽤 엄격하다고 생각됩니다. 예를 들어, 미국에서는 일본이라면 정당방위라고 납득할 수 없을 것 같은 경우에도 무죄판결이 나옵니다. 곧장 철포(鐵砲)를 가지고 죽여도 정당방위라고 인정되는 게 있습니다. 예를 들어, 피하면 자기의 목숨을 건진다는 경우가 있습니다. 피하면 살 수 있는 가능성이 있는데도 피하지 않고 싸움을 계속하였다면, 일본에서는 정당방위라고 인정받지 못할 것입니다.

이것은 매우 중요합니다. 즉 군대, 혹은 PKO활동에 있어서도 그러한 법적 근거만으로 될 일은 아니기 때문입니다. 개인의 이러한 정당한 방위의 권리에 기초하여, 군사행동이 가능해질 수는 없는 것입니다. 몇가지 측면이 있지만, 그 하나는, 군대라면 무기를 사용할 것인가 말 것인가는 개인의 선택, 개인의 책임에 맡겨둘 수 있는 것이 아닙니다. 명령이 내려지면 공격하고, 공격하라고 명령을 받으면 공격하지 않아서는 안됩니다. 그것은 사령관이 결정하는 것입니다. 군대가 전선을 만들어, 각 개인의 선택으로 어떤 병사는 공격하더라도 다른 병사는 아직 공격하지 않아도 좋다고 판단한다는 식으로는 군사행동이 되지 않습니다. 사령관이 결정해서 공격하라고 하면 전원이 공격하지 않으면 안됩니다. 개인의 방위라는 것은 있을 수 없습니다.

경우에 따라 사령관이 없을 때가 있지만, 교전규칙이라고 불리는, 언제 교전이 가능한가라는 규칙이 있어서, 병사들은 그것에 관해 교육을 받습니다. 이 경우는 공격해도 좋지만 이 경우는 공격해서는 안된다. 병사들은 그 규칙을 따르지 않으면 안됩니다. 개인의 정당한 방위의 경우와는 전혀 원칙이 다른 것입니다. 공격할 것인가 말 것인가를 개인적으로 결정하는 군대는 군대가 아닙니다.

그리고 공격하면 기소될지도 모른다 같은 상황에서는 군대가 되지 않습니다. 그 때문에 교전권이 있는 것입니다. 물론 병사가 군사행동과 완전히 다른 것을 한다면 기소될 수 있을지도 모릅니다. 철포를 가지고 도둑질을 하든가, 은행강도를 행하든가, 혹은 베트남전쟁 때 손미마을 학살과 같이 명백히 저항하려고 하지 않는 비전투원을 학살해서 기소되는 일은 있을 수 있습니다. 하지만 경찰이 항상 군대 옆에 있어서 모든 군사행동이 정당한 방위였는가를 조사한다면 군사행동은 성립하지 않습니다.

더욱이 중요한 것은, 자기의 목숨을 건질 수 있다면 피할 의무가 있다는 것이 형법 제36조, 제37조의 원리입니다. 그런데 피할 의무가 있는 군대를 군대라고 부를 수 없는 것은 당연합니다. 군대는 '폭력'을 자기의 목숨을 건지기 위해서 사용하는 것이 아닙니다. 무엇인가 목적을 달성하기 위해서 군사력을 사용합니다. 그 때문에 적의 군대를 죽이고 자기의 병사들을 희생시켜도 좋다는 것이 군대입니다. 목숨을 지킨다는 것은 군대의 목적이 아닙니다. 적을 죽이고 자기의 병사들을 희생시키는 것이, 군사행동의 기본입니다.

캄보디아로 향했던 일본의 자위대, 즉 PKO협력법 속의 법적 근거밖에 가지고 있지 않았던 일본 자위대가 별로 역할도 하지 못하고, 도로공사에 사용되다가 조기 귀환한 이유는 이해됩니다.

99년의 신가이드라인은 자위대에 군사행동이 가능하도록 하려는 의도가 있다고 생각됩니다. 그러한 의미에서 신가이드라인은 명백히 헌법위반이기도 하고 '일미(日美) 안보조약'의 틀을 넘고 있다고, 많은 사람들이 지적하고 있습니다. 신가이드라인의 핵심을 가지고 생각해보면, 현존 안보조약이 아니라 별도의 국제조약을 맺어야 합니다. 그러기 위해서는 적어도 국회에서 충분히 심의해서 결정해야 할 것이었는데도, 불가사의한 결정 방식이었습니다.

군(軍)이 앞장서서 결정했지만, 거기에 법적 근거가 존재하지 않으니까 정치가가 달려나와서 법적으로 정당화하려고 한다, 그러한 느낌을 받았습니다. 보통의 정치적 결정 과정과는 완전히 거꾸로입니다. 이것은 군사쿠데타와 흡사한 것이 아닌가라는 지적도 있었습니다. 군사쿠데타는 아니라 해도, 확실히 군이 일본정부의 외교정책을 결정하고 있는 셈이 되었습니다.

후방지원은 전쟁이다

신가이드라인과 그것을 정당화하는 관련법은 PKO법과 어디가 어떻게 다른가. 몇가지 확실한 차이가 있습니다.

우선, 이 법률에 기초해서 미군에 대한 후방지원이 가능해집니다. 미군에 대한 후방지원과 PKO활동이 어떻게 다른가. 당연한 일이지만, 후방지원이라는 것은 전쟁입니다. PKO활동과 전쟁은 현상으로서도 다르고, 법적으로도 다른 것입니다. 국제법 속에서의 위치도 다릅니다. PKO활동은 유엔군으로서 유엔의 권한 속에서 활동하지만, 후방지원은 유엔군이 아니라 미군에 대한 지원입니다.

PKO활동과 전쟁이 어떻게 다른가 하면, 이것도 당연한 것으로서 쉽게 이해할 수 있는 것으로 생각되지만, PKO활동을 하고 있는 군대는 어떤 특정의 군사세력을 이기려는 의도가 아닙니다. 공격을 받으면 반격을 한다는 것은 있지만, 우선 첫째 적이 없고, 그 적을 항복시키고자 하는 의도도 전략도 없습니다. 군사행동은 있지만, 적의 군대를 항복할 때까지 공격한다는 의도가 유엔군에는 없습니다.

또 PKO활동의 경우, 그 나라에 있는 다른 군대는 PKO군에 대한 교전권을 가지고 있지 않습니다. 즉 유엔군을 죽인다는 것은 법적으로는 살인범과 같습니다. 현실적으로 살인범으로 기소될 수 있을지는 모르지만, 원칙적으로는 살인범이 됩니다. 그것은 경찰관을 죽이는 것과 같습니다. 경찰관은 군대와 비슷한 것을 하는지도 모릅니다. 예를 들어, 일본에서도 때때로 경찰관과 야쿠자가 싸우는 경우가 있지만, 야쿠자가 체포되는 경우 포로로 되는 권리는 없습니다. 수용소로 들어가서 싸움이 끝나기를 기다려 자기가 있던 곳으로 돌아가는 일은 없습니다. 단지 체포되고 기소될 뿐입니다.

PKO활동은 그와 같습니다. 캄보디아에서 만일 크메르루주 사람들이 유엔군을 죽인 경우 현실적으로 체포되는 것은 어렵다고 생각되지만, 체포된다고 하면 그것은 범죄자로서 체포되는 것입니다. 따라서 그것은 군대가 아닙니다. 교전권과는 조금 구조가 다른 셈입니다.

신가이드라인 관련법에 기초한 후방지원의 경우, 이것은 명백히 전쟁입니다. 따라서 거기에 참가하는 사람들은 전투원이지, 비전투원은 아닙니다.

그런데 일본정부의 말로는, 자위대는 후방지원에 참가하더라도 비전투원이다, 일본은 교전국으로는 되지 않는다, 자위대는 전투원이 되지는 않는다, 왜냐하면 하나는 일본의 법률이 그렇다고 하기 때문에 그러하고, 또하나는 교전하고 있는 지역으로부터 멀리 떨어진 곳에서밖에 활약하고 있지 않기 때문이라고 합니다. 일본으로부터 출동한 자위대는 상대 국가에는 들어가지 않고, 공해상 혹은 그 상공, 즉 어떤 나라도 지배하지 않는 영역에서밖에 활약하고 있지 않다는 것입니다.

그런데 공해상 혹은 그 상공에는 일본의 법률이 통하지 않습니다. 일본의 법률이 미치는 영역이 아니라, 그곳은 국제법의 영역입니다. 그러므로 일본정부가, 후방지원을 하고 있는 자위대원은 비전투원이라고 말하는 것은 의미가 없으며, 국제법 속에서 어떻게 되는가 하는 게 중요합니다.

국제법에 의하면, 예를 들어, 무장한 화물선이 있고, 만일 그 화물선이 군수물자를 운반하고 있다면, 적국은 그것을 공격하여 침몰시킬 권리가 있습니다. 이것은 뉘른베르크재판에서 명확하게 된 것입니다.

제2차 세계대전에서 나치 독일의 잠수함이 영국의 화물선을 공격하여 침몰시켰습니다. 타고 있던 사람들은 군인들은 아니었지만 무기를 가지고 있었습니다. 그때까지 국제조약에 의하면 이 경우, 먼저 침몰시킨다고 경고를 하고 타고 있던 사람들이 보트로 옮겨 탄 뒤, 아무도 남아있지 않은 배를 침몰시킬 권리밖에 없다고 되어있었는데, 그것은 무리라고 생각되었습니다. 기다리고 있으면 그 배에는 무선이 있으니까 비행기를 부를 것이다, 그러면 이번에는 그 잠수함이 당할 것이다, 경고하지 않고 공격해도 좋다는 것이 뉘른베르크재판의 판결이었습니다. 침몰시킨 잠수함의 함장은 무죄가 되었습니다. 확실한 법적 선례가 있는 셈입니다.

이 선례에 비추어 후방지원을 하고 있는 자위대의 경우는, 상대방은 자위대에게 공격할 권리가 있다는 것이 더욱 확실해집니다. 자위대는 화물선이 아니라 무장한 군함입니다. 말하자면 전쟁을 하는 장비가 배의 구조를 이루고 있습니다. 거기에 타고 있는 사람들은 군복을 착용하고, 군대식의 계급으로 조직되어 있습니다. 군사행동의 훈련도 받고 있습니다. 어디서 어떻게 보더라도 전투원입니다. 그리고 전쟁을 하고 있는 미군을 지원하고 군수물자를 운반하고 있습니다. 국제법 속에서 이것은 전투원 취급을 받아도 아무 문제가 없습니다. 그런 사람들이 "아니, 아니, 우리들은 비전투원이다"라고 말하더라도 아무도 믿지 않을 것입니다.

교전권은 부활하였다

미군은 이제부터 누구와 전쟁을 할 것인가. 지금까지도 차례차례 여기저기서 전쟁을 해왔기 때문에 앞으로도 그럴 것이라고 생각합니다. 상대방 군사력의 크기에 따라 어쩌면 미군의 후방에 있는 자위대를 공격할 만큼의 힘을 갖고 있지 않은 나라일지도 모릅니다. 미군에 그것을 저지할 힘이 있는지도 모르고, 어쩌면 전투기를 갖고 있지 않은 나라일지도 모릅니다. 혹은 전략적으로 일본의 자위대는 공격하지 않는 게 좋다는, 정치적인 선택이 있을지도 모릅니다.

그렇지만 국제법 속의 권리에 관해 말한다면, 전략적으로 그런 쪽이 유리하다고 판단하면 자위대를 공격할 권리는 충분합니다. 공격하더라도 아무런 전쟁범죄가 되지 않습니다. 그것은 쉽게 이해할 수 있는 것이라고 생각합니다.

그러한 활동에 나가는 자위대는 물론 그것을 알고 나가야 하며, 준비도 하지 않으면 안됩니다. 공격받을 확률은 낮다 운운하는 것은 통할 수 없습니다. 만에 하나, 공격받아 무기를 사용하지 않으면 안될 상황이 되면 어떻게 될 것인가가 문제입니다.

대단히 불가사의한 일이지만, 이번의 자위대법 개정에서도 PKO법과 마찬가지로, 무기 사용은 형법 제36조, 제37조의 원리에 따르는 것으로 되어있습니다. PKO활동에 나갈 때도 그것은 성립하지 않습니다. PKO활동을 하고 있었던 다른 나라의 군대나 사령관은 일본 자위대를 어떻게 취급할지 곤란을 느꼈습니다. 미군에 대한 후방지원을 상정한 신가이드라인 속에서는 한층더 불가능한 것입니다. 형법 제36조, 제37조는 개인의 정당방위입니다. 배에 타고 있는 사람, 혹은 비행기에 타고 있는 사람들에게 있어서 문제는 개인의 방위가 아닙니다. 배가 침몰할지도 모르므로, 개인이 아니라 배가 침몰하지 않도록 하는 활동이 아니면, 자기의 목숨을 지킬 수도 없습니다.

세가지 선택이 있다고 생각됩니다. 하나는 도피하는 것. 한데, 적은 도피하는 것을 허용하지 않을지도 모릅니다. 또하나는 공격

받지 않고 바로 항복하는 것. 바로 항복하는 것과 같은 지원은 미국이 바라지 않을 것입니다. 세번째는 군사행동을 하는 것입니다. 그러나 개인이 정당방위를 한다는 선택은 불가능합니다.

만일 자위대가 군사행동을 하지 않으면 안되는 곤란한 처지에 몰려 군사행동을 시작했다면, 일본정부는 어떻게 할 것인가. 경찰관이나 형사를 보내 각 부대, 자위관(自衛官)이 공격을 한 경우, 이것은 제36조, 제37조의 원리에 따른 것인가, 따르지 않은 것인가 수사할 것인가. 제36조, 제37조에 따르지 않은 자위대원을 체포할 것인가. 그것은 있을 수 없는 일입니다. 정부가 거기에 보낸 이상, 그 사람들을 체포한다는 것은 생각할 수 없습니다. 제36조, 제37조에 따를 의무를 면제할 수밖에 없다고 생각합니다. 그런데 정부가 그것을 면제한다면, 면제하는 정부의 권리는 어디에 있는가. 혹은 그 권리는 정확히 무엇이라고 부를 것인가. 그 이름은 무엇인가. 교전권 이외에 부를 이름이 없습니다. 교전권의 부활입니다.

물론 파견되기 전에 정부와 자위대 사이의 이해가 그렇게 되어 있지 않다면 자위대는 나가지 않을 것으로 생각됩니다.

하지만 여기서 헌법 제9조가 없어졌다는 것은 아닙니다. 다만, 헌법 제9조의 의미와 기능이 여기서 변화된 것이 아닌가라는 것입니다. 전에, 일본국 헌법 제9조는 이념이나 꿈이나 유토피아적인 구상이 아니라, 구속력이 있는 실정법이었습니다. 헌법 자체가 정부에 대한 국민의 명령인 것입니다. 이론적으로 일본국 헌법은 그러한 형태로 되어있습니다.

전문(前文)은 "일본국민은"이라는 주어로 시작되어, 헌법의 본문은 정부가 해서 좋은 것과 해서는 안되는 것을 세세히 적어놓고 있습니다. 주권재민 헌법이라는 것은 그러한 것입니다. 일본국 헌법의 경우, 제1조에서 제40조까지(제30조 [납세의 의무]를 제외하고) 정부의 권력을 줄이거나 제한하는 조항만으로 되어있습니다. 그속에 제9조도 있습니다. 즉 국민은 교전권을 정부에 주지 않는다는 것입니다. 이것은 이념이 아니고, 희망도 아니고, 실정법으로서 정부에 대해서 구속력을 갖습니다. 정부가 정확히 지켰다고 물론 말할 수는 없지만, PKO협력법에 보는 바와 같이 최근까지 어느 정도 실정법으로서 효과가 있었습니다.

자민당은 창립 이래 그 제9조의 명령에 따르려고 하지 않았습니다. 반전평화운동이 어떤 형태를 취해왔느냐 하면, 그 제9조를 지키도록 정부에 압력을 넣고, 요구하고, 설득하려고 해왔습니다. 국회의사당 밖에서 "헌법 제9조를 지켜라"고 정부에 압력을 넣는 형태였습니다. 그것에 대해서 자민당 정부는 매우 애매한 말을 되풀이해왔지만, 이번에 이 새로운 가이드라인에서는 마침내 확실하게 대답한 셈입니다.

"지키지 않겠다"라고 분명히 대답하고 있습니다.

일본의 반전평화운동의 입장이 여기서 변했다고 생각됩니다. 제9조를 지키도록 정부를 계속 설득하는 일은, 중지할 시기가 왔다고까지 말할 수는 없지만, 이전만큼 의미가 있다고는 생각할 수 없습니다. 그리고 헌법 제9조를 해외로 널리 확대한다는 것도 더이상 어렵게 되었다고 생각합니다. 외부에서 보면, "일본에는 훌륭한 제9조가 있다"라는 말이 위선으로 들릴 수 있다는 측면이, 이전부터도 그랬지만 이제부터는 한층더 그렇게 될 것입니다. 일본에는 강대한 군사력이 있고, 정부는 명백히 그것을 어딘가에서

사용하고자 하고 있습니다. 그래서 법률은 차례차례 가결되고, 제
9조를 지키려고 했던 정당은 속속 전향하고, 그리고 무엇보다도
그것을 막으려는 큰 사회운동이 어디에서도 보이지 않습니다. 이
제 제9조를 세계에 널리 확대하는 것은 어렵게 되었습니다. 그러
한 운동을 계속할 것인지 말 것인지, 생각해보아야 할 문제입니다.

하지만 할 일이 없다는 게 아니라, 거꾸로 할 일이 많아진 셈입
니다.

'신(新)9조'에 따를 것인가, 따르지 않을 것인가

주변사태법 속에는 정부가 지방자치체 혹은 민간조직을 전쟁활
동에 동원해도 좋다는 조항이 있습니다. 흥미롭게도 그것도 제9
조로 되어있습니다.

(국가 이외의 자에 의한 협력 등)
제9조 1. 관계 행정기관의 장이 법령 및 기본계획에 따라, 지방공
공단체의 장에 대해, 그 권한의 행사에 대해서 필요한 협력을 구
할 수 있다.
2. 전항에 정한 것 이외, 관계 행정기관의 장은 법령 및 기본계획
에 따라, 국가 이외의 자에 대해, 필요한 협력을 의뢰할 수 있다.
3. 정부는, 전 2항의 규정에 의해 협력을 요구받거나 의뢰받은 국
가 이외의 자가 그 협력에 의해 손실을 입은 경우에는 그 손실에
관해 필요한 재정상의 조치를 강구하는 것으로 한다.

이 법률을 작성한 사람은 "이것을 제9조로 하려고" 기꺼이 한
것이 아닌가 하고 생각됩니다. 특히 여기에서 '신9조'와 '구9조'

를 비교하는 것이 가능합니다. 새로운 주변사태법의 제9조가 앞으로의 일본 평화운동의 새로운 구조를 만들고 있다고 생각됩니다.

'구9조'는 정부에 대한 국민의 명령이기 때문에, '구9조'에 기초한 반전평화운동은 그 명령에 따르도록 정부에 압력을 가하는 '프로테스트 무브먼트'였습니다. 그런데 '신9조'는 정부가 국민을 상대로 내리는 명령입니다. 명령의 방향이 변한 것입니다. 이번에는 국민이 명령을 받는 형식이 되었습니다. 앞으로의 문제는 그 명령에 따를 것인가 말 것인가 하는 선택입니다.

말을 바꾸면, 정부가 헌법 제9조를 따르지 않겠다고 결정했다 하더라도, 국민이 헌법 제9조를 따를 것인가 말 것인가는 별도의 선택인 것입니다. 전쟁행위에 동원되도록 하는 명령이 오는 경우, 어느 쪽 제9조를 지킬 것인가를 선택하지 않으면 안됩니다. '신9조'인가 '구9조'인가. 그러한 선택은 남아있는 셈입니다.

그렇게 되면, 새로운 테마가 일본의 반전평화운동의 중심이 되는 것은 아닌가 생각합니다. 그것은 '저항'이라는 테마입니다. 물론 어떠한 저항을 해야 할 것인가, 어떠한 저항이 적당한가를 제안하는 것은 나의 역할이 아닙니다. 그러한 말을 할 의도는 없지만, 다만 말하고 싶은 것은, 실제로 '신9조'를 정부가 실행하기 시작하면 많은 사람들이 반드시 어느 쪽을 선택하지 않으면 안되는, 피할 수 없는 입장에 서게 된다는 사실입니다. 선택하지 않는다는 선택이 남아있지 않은 상황입니다. 어느 쪽 제9조를 따르는 것 이외에 다른 선택은 없습니다.

내 경험으로 말하면, 미국 역사 속에도, 즉 베트남 반전운동의 역사 속에도 비슷한 변화가 있었습니다. 미국에서 얘기되었던 것처럼, 그것은 "프로테스트에서 레지스탕스"로의 변화입니다. 프로테스트라는 것은 반대의사를 표현하는 운동입니다. 반전집회라든가, 데모라든가, 정치적 계몽집회(teach-in)라든가, 그러한 것이 말하자면 프로테스트입니다. 우리는 이 전쟁에 찬성하지 않는다고 표현하는 방식입니다.

60년대 후반이 되면, 저항운동으로 변합니다. 예를 들면, 징병거부가 있습니다. 징병카드를 태워버리고 캐나다로 도피하거나 혹은 스스로 체포되어 감옥에 들어갑니다. 법률에 의하면, 징병카드를 불태우는 것은 '범죄'였습니다. 혹은 군대에서 탈주하는 방법도 있습니다. 이것은 일찍이 일본의 '베트남 평화연맹'도 탈주병을 도와서 응원한 활동방식입니다. 최후 단계로, 군대 속에서 저항하는 방법이 있었습니다. 베트남에 파견된 육군이 명령에 따르지 않는다는 방법 말입니다.

저항의 단계로 들어가서, 반전평화운동은 비로소 실력을 가진 큰 세력이 되었습니다. 의견, 사고방식의 표현만이 아니라, 정부도 무시할 수 없는 실력운동으로 되었습니다. 실력운동이라고 하더라도 '폭력'이 아니고, 이것은 어디까지나 '저항'입니다.

가이드라인 관련법안이 국회에서 논의될 때, 그 법률에 의해 동원될 그러한 사람들로부터 꽤 반대가 있었다는 얘기를 들었습니다. 간호사라든가, 트럭운전사라든가, 비행기회사에 근무하고 있는 사람들이라든가, 혹은 그런 사람들의 노동조합으로부터 반대가 꽤 있었습니다. 만일 주변사태법에 의거하여 일본의 자위대가 미국의 다음 차례 전쟁에 관여하게 된다면, 이 동원된 사람들이 어떻게 움직일 것인가 하는 게 문제가 되는 것입니다. 혹은 자위대, 자위관 자신이 어떻게 움직일 것인가라는 것도 흥미로운 문제입니다. 많은 자위관은 어떤 의미에서 "전쟁은 하지 않는다"는 일본국 헌법의 계약을 믿는 바탕 위에서 자위관이 되었다고 생각됩니다. 그러므로 자위관 가운데서도, 얘기가 다르지 않는가라고 이의를 제기하는 사람이 나와도 이상하지 않습니다.

그러한 의미에서 역설적이지만, 신가이드라인 관련법, 특히 주변사태법에 의해서 '구9조'가 일본국민의 집단적인 결단으로서 부활할 가능성도 주어지고 있는 것은 아닌가 하고 나는 생각합니다.

| 제3장 |
자연이 남아있다면 더 발전할 수 있는가

몇 년 전에 도쿄의 한 아는 사람이 처음으로 미국에 가서 워싱턴 디씨를 보고 와서 내게 이런 말을 한 적이 있습니다. "큰 발견을 했습니다. 미국은 아직도 발전 가능한, 계속 발전하고 있는 나라라는 걸 알았습니다."

무슨 말이냐 하면, 워싱턴디씨에서 차를 타고 30분이나 한시간 쯤 나가니 거기 숲이 있었다는 겁니다. 그는 미국에도 그렇게 도시에서 가까운 곳에 숲이 있다는 것에 깜짝 놀라 "아아, 그렇구나, 미국은 아직 더 발전할 수 있구나"라고 생각했답니다.

나는 그 말을 듣고 놀라 질문했습니다. "당신이 말하는 발전이란 자연이 남아있다면 가능하다는 말입니까, 아니면 완전히 발전된 나라에는 자연이 제로라는 의미입니까?"라고.

하지만 그는 내 질문을 미국인으로서 애국심이 모욕당한 데서 나온 반론으로 여긴 듯 "에이, 화내지 마라. 그런 의미가 아니다. 미국을 비판하고 있는 게 아니란 말이다"라는 말만을 하고 말아,

결국 내 의문에 대한 답은 듣지 못하고 말았습니다.

그가 말한 것과 같은 경제발전의 의미는 좌우간 세계 어딘가에 삼림이 남아있으면 아직 발전은 끝나지 않았다, 아직 파괴되지 않은, 매립되지 않은 산호초가 어딘가에 있으면 발전은 아직 끝나지 않았다, 바뀌지 않은 자연이 어딘가에 있으면 발전은 끝나지 않았다, 그런 의미입니다.

경제발전의 의미를 그런 식으로 보는 것은 잘못이라고 말할 수 있으면 좋겠지만, 그것은 20세기의 경제발전 이데올로기의 대전제가 아닌가 하고 나는 생각합니다. 나는 경제발전을 '이데올로기'라고 부르고 있습니다만, 그렇게 생각하지 않고 있는 사람도 많은 것으로 알고 있습니다. 경제발전은 현실주의의, 현실적인 사고방식이라는 식으로 생각하고 있는 사람이 많다고 생각합니다.

경제발전에 대한 이와 같은 사고방식에는 이데올로기로서의 측면이 좀처럼 보이지 않습니다. 왜냐하면 이것은 자유주의자나 보수주의자나 민족주의자나 파시스트 나치나 레닌주의자나 스탈린주의자 등이 모두 공유하고 있는 사고방식이기 때문입니다. 그중 어느 것이 경제발전을 가장 빠르게 진행시킬 수 있느냐 하는 점에서는 의견이 갈리지만, 경제발전이 필요하다고 하는 점에 대해서는 20세기의 이들 주요한 이데올로기 간에 의견의 차이가 없습니다.

그러므로 경제발전 이데올로기의 이데올로기적 성질은 불투명하여 알아채기 매우 어렵습니다. 대다수의 사람들이 이데올로기가 아니라 객관적인 사실, 혹은 객관적인 필요성이라는 식으로 경제발전을 생각해왔던 것입니다. 이데올로기적인 측면이 좀처럼 보이지 않았다고 하는 것은 거꾸로 그만큼 이데올로기로서 성공했다, 사상으로서 패권을 쥐고 있었다는 실증이기도 합니다.

경제발전 이데올로기는 20세기의 가장 깊은 곳까지 뿌리를 내린 이데올로기입니다. 하지만 이 경제발전의 이데올로기가 21세기에도 계속해서 패권을 쥐게 된다면 지구에는 매우 큰 재난이 될 것이 틀림없습니다. 그러므로 이 이데올로기가 도대체 무엇 '이었던가'를 되돌아보며 생각해보지 않으면 안된다고 생각합니다.

발전 이데올로기가 태어난 순간

새로운 이데올로기가 세상에 나타난 것이 언제 어디서부터였는지 분명히 알기 어려운 경우가 있습니다. 하지만 경제발전론은 예외입니다. 경제발전 이데올로기가 세계 규모로 나타났던 그 순간이 수많은 학자에 의해 지적되고 있습니다.

미국의 대통령 선거에서 승리한 트루먼이 1949년 1월 20일의 취임 연설에서 "미국에는 새로운 정책이 있다"고 발표했습니다. 미개발의 나라들에 대해 기술적·경제적 원조를 행하고, 투자를 하여 발전시킨다는 그런 새로운 정책이었습니다.

지금 이 정책은 너무나 당연시되고 있기 때문에 그 순간이 획기적이었다는 사실을 생각해내기는 상당히 어렵습니다만, 당시의 경제학 논문을 보면 트루먼이 썼던 '미개발 국가(under-development country)'라는 용어가 그 이전에는 쓰이지 않았다는 것을 알 수 있습니다.

발표된 학술논문이 모두 실려있는 잡지 기사색인이란 게 있습니다만, 1949년의 연설 이전 것을 보면 '미개발 국가'라는 항목은 존재하지 않습니다. '근대화'라는 항목도 존재하지 않습니다. 하지만 1949년 1월 이후에는 그것이 점점 늘어납니다. 그리고 어느새 경제학이나 사회학의 전문용어로 정착이 됐습니다.

'발전(development)'이라는 언어 자체가 트루먼의 연설에 의해 바뀌고, 다시 만들어진 말입니다. 무엇이 바뀌었냐 하면, 하나는 '발전'이 처음으로 국가정책이 되었다는 점입니다. 그 이전의 국가정책에서는 '발전'이라는 말이 사용된 적이 없었습니다. 물론 미국정부의 정책 속에서 미국 국내의 상업을 진작시키려고 한 정책은 많이 있었습니다만, 나라 전체를 '발전시킨다'라는 식의 표현은 없었습니다. 이때 처음으로 미국의 국가정책이 되었고, 그리고 얼마 뒤 유엔의 정책이 되었습니다.

또하나 중요한 것은 발전을 한다고 할까, 발전을 당하는 나라가 미국이 아니라 다른 나라라는 점입니다. 경제발전정책의 대상은 미합중국이 아니라 세계의 상대적으로 가난한 나라들입니다. 식민지에서 막 해방된 나라이거나, 혹은 아직 식민지 상태에 놓여있는 나라가 대상입니다. 지금은 그것이 너무나 당연한 일로 받아들여지고 있습니다. 그래서 그 일이 어느 만큼 획기적인 일이었는지를 설명하기가 매우 어렵습니다.

"나라 A는 국가정책으로 나라 B를 발전시킨다(develop), 그것이 나라 B의 발전(development)이다"라고 하는 것, 이것이 왜 '고쳐 만들어진 말'인가 하면 기본적으로 일본어의 '발전'이나 '성장'도 그렇습니다만, 영어의 'develop(발전한다)'은 본래는 자동사입니다. 타동사가 아닙니다. 그러므로 언어로서 적당치 않게 들립니다. 국가 A가 국가 B의 '발전'을 정책으로 삼고 있는데 그 표현은 자동사라니, 이것은 큰 모순입니다. 이것은 단순한 문법상의 문제가 아니라 매우 중요한 의미를 담고 있습니다.

'발전'은 고쳐 만들어진 말

'경제발전'이라는 말의 이데올로기적인 힘이 이 모순 속에 있다고 나는 생각합니다. 그것을 이해하기 위해 '발전한다'라는 말 그리고 일본어의 '성장'이나 '발전'이라는 말의 본래 의미를 생각해보면 도움이 됩니다. 왜 일본에서도 영어의 본래의 의미가 중요한가 하면 '경제발전'이라는 전지구적인 이데올로기는 미국에서 일본에 들어온 것으로, 사상과 동시에 언어의 애매함도 함께 일본어의 문맥 속으로 들어왔기 때문입니다.

'develop'이라는 말을 《옥스퍼드 영어사전》에서 찾아보면 이 말의 본래의 반대는 'envelop', 요컨대 '싸다'는 뜻입니다. 예를 들어 일본어의 문맥에서 말하면 수건이나 종이로 싼다는 의미입니다. 한편 'develop'은 그 반대의 행위인 '푼다'라든가 '꺼낸다', 즉 종이나 천에 싸여있는 무엇인가를 꺼낸다는 의미가 됩니다.

유럽 국가 대부분의 언어에서도 같은 비유, 같은 이미지가 '발전'이란 말의 바탕이 되어있습니다. 프랑스어로는 'develo pper', 독일어로는 'Entwicklung', 스페인어로는 'desarollo'입니다만, 어느 것이나 같은 의미입니다. '푼다'든가 '꺼낸다'는 것이 본래의 의미로, 나머지는 모두 비유 — 메타포입니다. 즉 무엇인가 물건에 싸인, 종이나 천에 싸인 것이 조금씩 나오는 듯한 변화를 가리킵니다.

예를 들면, 꽃망울이 꽃이 된다든가, 씨앗이 점점 성장하여 나무가 된다든가, 혹은 아이가 어른이 된다든가 해서 주로 생물의, 생명 있는 것의 성장을 말합니다. 그것은 어느 단계에서 다음 단계로 바뀌어간다고 하는 변화입니다만, 기본적으로 전(前) 단계 속에 뒷 단계가 모종의 형태로 잠재돼 있거나 내재해 있습니다. 그러므로 전 단계의 가능성이 다음 단계에서 실현된다는 그런 의미입니다.

일본어 사전을 조사해보면 역시 같다는 것을 알 수 있습니다. '성장'이란 '자라서 커지는 것', '발전'은 '늘어나고 퍼져가는 것'으로 거의 같은 뜻이라고 생각합니다. '개발' 쪽은 '열어 일으키는 것'이라고 사전에 쓰여있기 때문에 나의 일본어 이해로는 이것은 타동사라고 생각합니다. 그런 차이는 있습니다만, '성장'과 '발전'은 'develop'과 기본적으로 거의 같은 뜻입니다.

도자기를 만들 때 점토로 모양을 만듭니다. 물레에 점토를 놓고 모양을 만드는데, 인간의 머릿속에 있는 모양대로 만듭니다. 그것을 아무도 점토의 '발전'이라고는 부르지 않습니다. 모양이 완전히 바깥에서 주어지기 때문입니다. 혹은 나무를 베고 목재로 다듬어 건물을 세우는 것도 아무도 그것을 나무의 '발전'이라고는 하지 않습니다. 그것도 완전히 다른 종류의 변화가 아닙니까. 또는 나무를 베어 땔감으로 태웁니다. 그것이 좋은 일이냐 나쁜 일이냐를 떠나 나무를 재로 만드는 것을 그 나무의 '발전'이라 부르지 않습니다. 또는 숲의 나무를 잘라내고 그곳을 주차장으로 삼습니다. 그 장소에 전혀 다른 것을 설치하는 것, 그것을 보고 숲의 '발전'이라 부르는 것은 잘못이라고 생각합니다.

모든 변화를 '발전'이라 부를 수는 없습니다. 일종의 구조에 따르는 듯한 변화를 '발전'이라 부르는 것이 바른 언어사용법입니다. 그렇지 않은 변화도 있을 수 있는 것으로, 예를 들면 완전히 인공적인 변화는 '발전'이 아닙니다.

트루먼 연설 이전에도 유럽 문화에서는 '발전'이란 말이 몇가지 뜻으로 쓰이고 있었습니다.

헤겔은 그의 철학 속에서 독일어 'Entwicklung'이라는 말을 써서 역사의 변천 속에서 인간의 정신, 혹은 역사 그 자체의 정신이 '발전한다'고 말했습니다. 인간의 정신은 단계를 거쳐 최종적인 목적을 향해 발전한다, 그러나 그 발전과정 속에 살고 있는 인간은 그 목적은 물론, 다음 단계를 볼 수 있거나 의식할 수 없다, 요컨대 인간이 의식적으로 발전을 꾀하는 것이 아니라 일상생활의 '부작용'과 같은 모양으로 역사의 발전은 일어난다는 것입니다. 그러므로 헤겔철학 속의 '발전'이란 말은 생물의 성장처럼 모양의 변화를 가리키고 있고, 타동사가 아니라 자동사입니다.

맑스의 사상 속에서도 경제는 '발전'합니다. 하지만 그것은 자본가인 부르주아계급의 돈벌이 활동의 '부작용'으로서 그런 것입니다. 의도적으로 발전시키는 것이 아니라 돈이 필요하니까 결과적으로 그렇게 되는 것입니다. 그리고 맑스는 부르주아계급은 다음 발전단계를 의도하기는커녕 절대 일어나지 않기를 바라는 프롤레타리아혁명이 가능한 상황을 무의식적으로 준비한다고 말합니다. 그러므로 맑스의 사상 속에서도 발전, 'Entwicklung'은 자동사입니다.

레닌이 러시아에서 정권을 잡았을 때 러시아의 경제는 막 산업자본주의로 접어들어 있었습니다. 즉 러시아의 부르주아계급이 스스로 '역사적 역할'로서 해야만 하는 일을 마저 끝내지 못한 상황에서 볼셰비키당이 정권을 잡습니다. 그리하여 소비에트 정권은 의도적으로 정부가 러시아의 경제를 '발전시킨다'라고 발전을 타동사 의미로 사용했습니다. 아마 처음으로 경제발전을 타동사로서 썼던 것은 레닌, 혹은 레닌 정권이 아닌가 하고 생각합니다. 다만 그것은 어디까지나 러시아의 일에 한해서입니다. 러시아정부가 러시아의 경제를 발전시킨다는 그런 사용법 말입니다.

자기네 나라를 발전시킨다는 의미에서는 일본의 메이지 정부쪽이 빨랐다는 의견도 성립됩니다. 그러나 세계에 대한 정책으로서 사용하기 시작한 것은 트루먼이 최초입니다. 자기네 나라가 아니라 세계 속의 상대적으로 부자가 아닌 나라를 '발전시킨다', 그것이 미국의 국가정책이다라고 말했는데, 그것은 역사 속에 선례가 없는 일이었습니다.

'미개발'은 '야만인'의 다른 말

그 뒤 반세기에 걸쳐 경제발전은 미국 혹은 유엔의 정책으로서 계속 진행되어왔습니다. 그러므로 지금 단계에서 그것이 어느 만큼 획기적인 일이었는지는 매우 알기 어렵습니다. 우선 이처럼 규모가 큰 국가정책이란 인류의 역사에 선례가 없었습니다. 이것은 지구의 모든 것을 바꿉니다. 지구 위의 모든 문화, 사회, 경제, 삶의 방식, 자연 등 모든 것을 바꾸는 정책이기 때문입니다.

트루먼의 취임연설은 엄청나게 규모가 큰 발언입니다. 먼저 서양의 경제제도에 들어있지 않은 나라는 모두 '미개발' 국가라 부릅니다. '미개발'이라는 하나의 범주 속에 유럽과 미국 이외의 모든 문화, 모든 민족, 모든 사회, 모든 경제제도가 들어갑니다.

거기에는 아마존의 정글에 살고 있는, 물건을 많이 갖지 않고 문자도 갖고 있지 않은 원주민이 들어있습니다. 북미의 인디언에게도 여러가지 문화가 있지만 그것들이 모두 포함되어 있습니다. 아프리카사람도 모두 들어가 있고, 그리고 아주 오랜 옛날부터 문자문화를 가지고 있던 중국을 비롯하여 인도와 이집트도 들어가 있습니다. 이집트는 매우 오랜 역사기록을 가지고 있는 문명인데도 단순히 '미개발'이라 부릅니다.

이와 같은 나라들의 문화적 공통점은 무엇일까요? 왜 같은 범주에 넣는 것일까요? '미개발'의 공통점은, 각자가 가지고 있는 특징이 아니라 자기네와 같은 것을 가지고 있지 않다는 것, 즉 유럽이나 미국의 경제제도에 들어와 있지 않은 그 '결여'입니다.

이것은 사회학이라는 학문에서 생각하면 부당하기 이를 데 없는 사고방식입니다. 물론 분류법이란 어느 것이나 나름대로 기준이 있기 때문에 어떤 것이나 좋다고도 말할 수 있지만, 그렇더라도 도움이 되는 분류와 도움이 되지 않는 분류가 있습니다. 하려고만 하면 세계 인구를 '나'와 '남'이라는 두 범주에 넣을 수도 있습니다. 나 이외의 세계 사람들에게는 모두 내가 아니라는 공통점이 있습니다. 이것은 '남'의 정보를 전혀 고려하지 않은 분류방법입니다. 포유류를 모두 '토끼'와 '비(非)토끼'로 나누면 고래와 코끼리와 개가 한 범주에 들어갑니다.

이 방식은 유럽에서는 상당히 오래전부터 실행해온 분류방법입니다. 예를 들면, 기독교와 이교도라는 분류방법이 그렇습니다. 기독교와 그 이외. 그 이외 속에는 이슬람교도 불교도 힌두교도 샤

머니즘도 전부 들어있습니다. 이들 각 '이교도' 간에 무슨 공통점이 있다고 생각하고 있을 리가 없는데도, 기독교에서 보면 모두 잘못돼 있기 때문에 같은 범주에 들어간다는 식입니다. 혹은 '문명국'과 '야만', 요컨대 '유럽'과 '유럽 이외'로 나누기도 합니다.

존 스튜어트 밀은 자유주의자라는 말을 듣습니다만, 그의 글 속에도 그런 말투가 발견됩니다. '야만'이라고 하여, 유럽 이외의 모든 문명을 가리키고 있습니다. 그런 언어사용법이 자유주의자인 밀에게조차 있었습니다. 19세기 혹은 20세기의 전반에 들어서도 그런 식의 표현이 있었던 것입니다.

그러므로 언어의 역사에서 말하면 '미개발'이란 '야만'이란 말의 다른 표현이라고 할 수 있습니다. '야만'이란 말을 사용할 수 없게 되면서, 새로운 말이 필요해진 시기였다고도 할 수 있습니다.

다시 트루먼의 연설로 돌아갑시다. 그가 발전을 이야기했을 때 미국과 세계는 과연 어떤 역사 단계에 있었을까요?

시기는 우선 제2차 세계대전 직후였습니다. 식민지를 가져서는 안된다는 내용이 유엔헌장에도 쓰여지고, 그것이 새로운 상식이 됐던 때였습니다. 그리고 이것도 중요한 일이라고 생각합니다만, 유엔 본부가 뉴욕에 있어 그곳에 세계 여러 나라의 대표가 모였습니다. 그러므로 '야만'이란 말은 쓸 수 없게 됐던 것이지요. 그들은 모두 뉴욕의 신문을 읽을 수 있는 사람들이었기 때문에, 그런 말을 쓰면 바로 들통이 나버립니다.

한편 제2차 세계대전에서 대영제국도 일본제국도 무너지고, 프랑스제국도 네덜란드제국도 계속해서 무너졌습니다. 가장 힘이 있었던 것이 미합중국이었습니다. 이전 제국들의 식민지였던 '남

(南)'의 국가들에 대하여 기본적으로 미국은 패권을 넘겨받은 단계였습니다. 소위 '제3세계'에 대해 미국이 세계에서 가장 큰 힘을 가지게 되었습니다. 하지만 옛 식민지 지배방식은 이제 사용할 수 없는 단계. 거기서 새로운 방법이 필요했습니다.

세번째는, 그 당시는 마침 냉전이 시작된 시기이기도 했습니다. 냉전은 어디까지나 냉전이었고, 미국과 소련이 직접 핵전쟁을 할 수는 없었습니다. 그렇다면 '냉전'을 어디서 하느냐 — 제3세계입니다. 제3세계의 나라에서 미국과 소련 중 어느 쪽이 힘을 가지느냐 하는 격렬한 경쟁이 있었습니다.

그리고 또하나 이 역사적인 순간의 특징은, 전쟁이 끝난 단계에서 미국은 투자할 장소를 찾고 있었다는 것입니다. 미국에게 제2차 세계대전은 경제적으로 매우 유익한 전쟁이었습니다. 전쟁 덕분에 불경기에서 탈출하면서 대단히 경기가 좋아졌습니다. 전쟁이 갑자기 끝나자 다시 불경기가 될 우려가 있었습니다. 그러므로 투자할 수 있는 장소가 필요했습니다. 거기서 미국은 '남'의 '미개발' 국가를 투자가 가능한, 좀더 투자하기 쉬운, 투자하면 이익이 꼭 돌아오는 경제제도로 다시 만들면 매우 도움이 된다는 생각을 했던 것입니다.

그리고 착취는 보이지 않게 되었다

이런 네가지 특징이 "경제를 발전시킨다"는 트루먼 대통령의 정책 속에 대단히 훌륭하게 들어있습니다.

이런 이데올로기 아래서, 거듭하는 말이 됩니다만, 인류의 역사에 선례가 없을 만큼 대규모의 정책이 시작됩니다. 지구 위의 자연이나 문화나 경제나 삶의 방식이나 일하는 방식 등, 그 모든 것을 근본적·발본적으로 새롭게 고쳐 만든 정책입니다.

수년 전부터 '세계화'라는 말이 유행하고 있습니다만, 세계화란 새로운 현상이 아닙니다. 사실은 식민지주의나 제국주의도 세계화였습니다. 다만 식민지주의나 제국주의의 시대에는 어떤 의미에서는 지금보다 조금 정직한 측면이 있었다고 생각합니다. 요컨대 이것은 착취라는 것을 모두가 알고 있었습니다. 가난한 나라를 착취하여 부자가 된다고 하는 것을 대부분의 사람들이 의식하고 있었습니다. 혹은 영국이나 프랑스, 네덜란드 사람들은 스스로 자신을 속이고 있었다고 해도, 착취당하는 쪽은 알고 있었습니다. 착취를 당하는 게 결과적으로는 착취를 당하는 사람들의 이익으로 이어진다고 하는 속임수는 어느 시대에나 있었습니다만, 식민지주의나 제국주의 시대 사람들이 진심으로 그렇게 생각하고 있었다고는 생각할 수 없습니다. 그것이 '계몽'이라고 해도 사람들은 그다지 설득을 당하지 않았습니다.

20세기 후반에 들어서 이 경제발전 이데올로기는 주류가 되면서 상당히 성공을 거두었다고 생각합니다. 착취를 당하는 나라에서도 이데올로기로서 정착이 됐습니다. 즉 본래 타동사인 것이 마치 자동사인 것처럼 착각을 불러일으키는 데 성공했습니다.

'발전'이라고 하면 그것은 흡사 각 문화나 문명, 사회 속에 숨겨져 있는 가능성이 해방되는 듯한 느낌이 듭니다. 마치 꽃이 피는 듯한, 아이가 성장하는 듯한, 씨앗에서 나무가 자라는 듯한 어투입니다. '착취'라는 말과 상당히 다른 뜻으로 받아들여집니다. 즉 세계의 모든 문화 속에는 산업혁명을 일으킴으로써 산업국이 될 수 있는 내재적인 가능성이 있다는, 그런 말투입니다.

그것에 많은 사람들이 설득을 당했습니다. 바깥에서 자본이 들어와 자연을 파괴하고 전통적인 문화를 바꾸고 착취합니다. 그런데 그것을 '발전'이라 부르면 그것은 그 사회의 자연스럽고 당연한, 마땅히 그래야 할 과정이라는 식으로 생각하게 됩니다. 내정간섭이 아니라 발전, 착취가 아니라 발전, 폭력적인 변화가 아니라 발전. 어떤 문화, 어떤 사람들이 내재적으로 가지고 있었던 능력을 해방하는 것과 같은 뜻이 됩니다.

트루먼의 연설 전후로 학문에서도 엄청난 사상의 전환, 즉 패러다임의 전환이 있었습니다.

그것을 비교하기 위해 미국에서 출판된 두 《사회과학 백과사전》을 비교해봅시다. 하나는 1933년에 출판된 것이고, 다른 하나는 1968년의 새로운 것입니다. 이 두개를 비교하면 그 사이 30년밖에 지나지 않았다고는 믿을 수 없을 만큼 두 백과사전의 내용이 다른 데 놀라지 않을 수 없습니다. 완전히 다른 세계의 사전으로밖에는 생각할 수 없습니다.

33년의 백과사전에는 앞에서도 다룬 것처럼 '미개발'이라든가 '근대화'라는 말이 전혀 존재하지 않습니다. 그런 말에 해당하는 것은 '뒤떨어진 나라(backward country)'라는 말뿐입니다. 'backward'란 '뒤처진'이라는 뜻입니다. 아마도 오늘날의 영화(英和)사전에서는 '미개발'이라는 식으로 옮겨놓았을지도 모르지만, 본래이 낱말에는 '개발'이라든가 '발전'이라는 의미는 들어있지 않았습니다.

'backward'를 이 백과사전의 색인에서 찾아보면 두가지 뜻밖에 없습니다. 하나는 아시아, 아프리카, 라틴아메리카의 가난한 나라를 뜻하며, 또하나는 철이 늦게 드는 아이를 뜻합니다. 그러므로 'backward'는 철이 늦게 드는 아이라든가, 발전 불가능이라는 의미에서 사용되던 말이라는 것을 알 수 있습니다. 이른바 "발전할 능력이 없다"는 의미입니다. 물론 매우 차별적인 말투입니다.

재미있는 일로는, 1933년에 간행된 사전에 이 '뒤떨어진 나라' 항목을 쓴 학자는 이 말에 대해 분노하고 있습니다. 대단히 냉소적이며 야유가 섞인 글을 쓰고 있습니다.

늦었다고 하는 것은 사람들이나 지역에 대한 상대적인 용어이지만 그 비교의 기준이 자기들, 즉 현재 적지만 우세한 미국이나 유럽의 여러 나라라는 것, 그 나머지는 모두 거기에서 파생된 것 혹은 자기들을 모방하는 무리라는 것을 처음부터 넌지시 상정하고 있다.

그러고 나서 그는 '뒤떨어진 나라'를 정의합니다. "세금제도를 갖지 않은, 노동윤리도 갖지 않은, 요컨대 근본적으로 그 사회를 바꾸지 않으면 착취 불가능한 나라이다"라고. 근본적으로 바꾸지 않으면 이익을 얻을 수 없는 그런 나라를 유럽인들은 '뒤떨어진 나라'라고 부르고 있다고. 대단히 재미있는 글입니다.

1968년의 사전에서는 물론, '뒤떨어진 나라'라는 말은 사라지고 없습니다. 유엔의 시대에 그런 말은 실례였을 테지요. 그와 동시에 비판적인 의식도 완전히 사라져버렸습니다. 제3세계 나라들의 경제성장에 관해, 그 속에 착취가 숨겨져 있다는 냄새를 풍기는 문장은 모두 사라져버렸습니다.

역사에서 사라진 '강제노동'

또하나 커다란 차이가 있습니다. 1933년의 백과사전에는 '강제노동'이라는 항목이 있습니다. 이것을 쓴 사람은 중립과는 상당히 거리가 먼 입장이었습니다. 그는 국제연맹에서 강제노동 폐지를 목표로 한 인권운동에 관계하고 있는 사람이었습니다.

'강제노동'의 항목은 서두에서 강제노동의 역사에 대해 조금 쓰고, 이어서 식민지시대로 들어가는데 다음과 같은 글입니다.

미개한 사람들은 물질적인 수요는 적고, 화폐경제에도 길이 들어있지 않고, 또 뼈가 휠 정도의 장시간 노동을 하는 습관도 없었기 때문에 유럽에서 온 사업가를 위해 일하려고 하지 않는 것이 보통이었다.

유럽인이 각지에서 식민지를 만들던 단계, 특히 제일 처음 단계에서는 임금노동을 하려고 하는 현지인들을 찾기 어려웠습니다. 돈을 줄 테니 여덟시간 일하라고 아무리 설명을 해도 그들은 하려고 들지 않았습니다. 혹은 하루 일하고, 하루분의 돈을 받고, 유럽인이 만든 가게에 가서 받은 돈으로 무엇인가를 사고, 그 다음날에는 더이상 오지 않습니다. 그것으로 이미 돈은 필요없다고 생각하는 사람이 많았습니다. 그들에게는 월요일에서 금요일까지 매일 여덟시간이나 열시간씩 일을 한다는 것은 생각할 수 없는 일이었습니다. 그렇게까지 해서 사고 싶은 게 없었기 때문에 그들은 일하기를 거절했습니다.

따라서 대개의 식민지에서 최초의 사회기간시설은 강제노동으로 이루어졌던 것입니다. 최초의 유럽인이 이용했던 건물, 도로, 철도, 항구 등이 모두 강제노동으로 만들어졌습니다.

백과사전의 이 저자는 "강제노동에는 몇개의 종류가 있다"고 쓰고 있습니다. 하나는 직접적인 강제노동, 즉 노예제입니다. 혹은 일시적인 노예제도 포함되는데, 예를 들면 철도가 다 건설되면 해방이라는 노예제입니다. 아프리카의 철도를 만든 것은 누구일까요? 사슬에 발이나 목이 묶인 채 일했던 노동자였습니다. 19세기에 생긴 아프리카 철도의 대부분은 그런 강제노동에 의해 만들어졌습니다. 그로 인해 상상을 초월한 숫자의 사람들이 죽었습니다. 아프리카사람들이 자신의 마을에서 강제로 끌려나와 여덟시간, 열시간 노동을 당했습니다. 그들은 병에 걸려 죽었다고 쓰여 있습니다. 좌우간 강제노동 없이 식민지의 사회기간시설은 만들어질 수 없었습니다.

두번째는 간접적인 강제노동입니다. 구체적으로는 식민지에 세금제도를 만드는 것이 한 방법입니다. 세금을 내지 않으면 안되는데, 그 세금은 돼지라든가 닭이나 농작물이 아니라 돈이 아니면 안됩니다. 그래서 그들이 어떻게 하여 돈을 손에 넣었는가 하면 공장에서 일하지 않으면 안됐습니다. 세금을 내지 않으면 체포를 당합니다. 따라서 몇사람은 그 공장에서 일을 할 수밖에 없습니다. 1933년의 백과사전에서 '강제노동'의 항목을 쓴 사람은 이것을 강제노동이라고 생각하고 있습니다.

또하나, 자급자족의 문화가 있었던 경우에 쓰는 방법입니다. 이러한 문화 속에서 사는 사람들은 숲에 살고 있고, 필요한 것은 숲 속에 대체로 다 있습니다. 먹을 것에서부터 약, 건축재료 등 거의 모든 것을 거기서 얻을 수 있기 때문에 그렇게 많은 일은 하지 않아도 됩니다. 그렇다면 그 숲을 없앱니다. 숲을 완전히 벌채하고, 커피나 고무 등의 플랜테이션을 만듭니다. 숲이 사라져버리면 그 사람들이 살아남기 위해서는 이제 플랜테이션의 노동자가 될 수밖에 없습니다. 그것도 간접적인 강제노동이라고 필자는 비판하고 있습니다.

그렇다면 경제발전 이데올로기의 문맥 속에서 만들어진 1968년의 백과사전에는 어떻게 나와있을까요? 거기에는 '강제노동' 항목이 사라지고 없습니다. 색인을 찾아보면, '강제노동'에는 세가지 예가 있다고 되어있습니다. 하나는 중세 유럽의 강제노동, 다른 하나는 나치 독일의 강제노동, 셋째는 현재(당시) 소련의 강제노동이 있다는 것뿐입니다. 요컨대 식민지에서 유럽인이 강제노동을 시켰다고 하는 사실이 백과사전의 기술(記述)에서 사라져버렸습니다.

성장 이데올로기, 발전 이데올로기가 한층 강했던 60년대부터 70년대에 나는 〈미국 근대화이론 비판〉을 테마로 박사논문을 쓰며 수많은 논문과 책, 기사를 읽었습니다만, 그런 글 속에서 식민지시대의 강제노동의 존재를 다룬 글은 본 적이 없습니다. 따라서 지금도 그렇다고 생각합니다만, 대학원에서 발전경제학을 배우고, 그 전문가로서 박사학위를 따고, 대학에서 가르치고 있는 사람들 중의 대다수가 이 사실을 모르고 있다는 것입니다.

그리고 발전경제학 혹은 경제발전 이데올로기에서는 어떤 이야기를 하고 있습니까? 제3세계 사람들이나 '남'의 국가 사람들은 유럽 경제를 보고 그것에 홀려 스스로 자신의 문화를 버리고 미국이나 유럽 방식을 원하게 됐다고 말하고 있습니다. 바꿈을 당한 것이 아니라 스스로 바꿨다고 말하고 있습니다. 그런 이야기를 몇 번이나 읽었습니다. 서양인이 "이런 것을 살 수 있다"고 서양경제의 훌륭한 점을 선전합니다. 그러면 세계의 모든 사람들이 "아아, 이제까지 우리는 잘못돼 있었다"고 하며 자기들의 문화나 경제의 틀이고 뭐고 다 버리고 유럽인이, 미국인이 되려고 합니다. 이런 식으로 글을 쓰는 사람이 매우 많습니다.

하지만 역사적 사실은 다릅니다. 유럽인이 와서 가게를 열어도 대부분의 사람들은 돌아보지도 않았습니다. 또는 하루 정도 일하고 그것을 살까 하는 정도였습니다. 아침부터 밤까지 일년 내내 일할 만큼 갖고 싶은 물건이 그들에게는 없었습니다.

강제노동이라는 역사적인 사실이 백과사전에서 사라져버린 것은 오웰의 《1984년》에 나오는 역사를 바꿔 만드는 이야기와 그다지 다르지 않을 것입니다. 지금 우리들이 살고 있는 이 세계가 어떤 과정으로 이루어져왔는지를 알지 못하면 오늘날의 세계를 제대로 이해할 수 없습니다. 그러므로 강제노동은 대단히 중요한 사실이었던 것이 틀림없습니다. 그런데 그것이 발전경제학의 이론에 맞지 않는다는 이유로 사라졌던 것입니다.

그 정도로 큰 패러다임의 전환이 이 두가지 사전 사이에는 있었습니다.

이미 앞에서 조금 언급한 것처럼 트루먼이 그 연설을 하고 나서 바로 새로운 학문분야가 생겼습니다. 갑자기 수많은 경제학자가

'발전경제학자'가 됐습니다. 그들만이 아니고 사회학자도, 정치학자도 '발전'이라는 낱말을 반복하여 사용하며 연이어 책을 썼습니다.

즉 이 새로운 학문분야는 이른바 미국정부의 정책 변화에 따라 창립되었다고 보면 좋습니다. 그런 학자들은 자신의 학문분야가 중립이라고 분명히 말하고 있지만 실은 지극히 정치적인 정책에 의해 생긴 분야입니다.

그 일을 위해 막대한 돈이 투입됐습니다. 바로 그때 나는 미국의 대학에 있었습니다. 학부 때도 대학원 때도 캘리포니아대학의 게시판은 이런 학문을 장려하는 장학금의 게시로 넘치고 있었습니다. 포드기금이라든가 록펠러기금이라든가, 특히 국방성의 장학금이 가장 좋았습니다. 국방성 장학금의 조건은 정부가 정한 "전략적으로 중요한 언어"를 하나 공부하는 것, 즉 정부가 배우길 바라는 제3세계의 언어를 어느 것이나 하나 배우는 것이었습니다. 그리고 경제발전 이데올로기를 공부합니다. 그러면 3년간 생활비와 학비를 대줍니다. 대단히 많은 액수의 장학금이었습니다. 내 동료 중에도 자신의 흥미나 관심 때문이 아니라 그렇게 하면 돈이 들어오기 때문에 전공을 바꾼 사람이 있었습니다. 이렇게 하나의 학문분야를 돈으로 만들었던 것입니다.

그와 동시에 '남(南)'의 국가에서 온 젊고 유능한 사람들을 불러 미국의 대학에서 박사가 될 때까지 길러, 경제성장 이데올로기를 집어넣은 다음 그의 나라로 돌려보냅니다. 각 나라의 '경제발전 엘리트'를 길렀던 것입니다. 그것도 의도적인 국가정책이었습니다. 그에 따라 발전 이데올로기는 엄청난 힘을 지닌 이데올로기로 변해갔습니다.

'발전'이라는 말의 불가사의한 힘

되풀이하는 말입니다만, 이 경제발전 이데올로기의 힘이란 무섭습니다. 그 틀이나 문맥 속에서 오늘날의 세계를 보면 전혀 다른 것이 보입니다. 혹은 세계를 보아도 무슨 일이 일어나고 있는지 전혀 알 수가 없습니다. 그런 힘을 경제발전 이데올로기는 가지고 있습니다.

자연에 대한 폭력적인 행위나, 혹은 문화나 문명에 대한 폭력적인 행위를 보더라도 그 폭력성이 보이지 않습니다. 예를 들면 예로부터 전해져온 한 문화가 눈앞에서 파괴되고, 조상으로부터 전해져온 기술이 없어지고, 음악이 없어지고, 말이 없어집니다. 그것을 보고 '발전'이라 부릅니다. 그런데 그렇게 말하면 "그런가, 이게 발전인가"라고 체념을 하거나, "서글픈 일이지만 달리 방법이 없다, 필연적인 일이다"라는 식으로 생각을 바꿉니다. 경제발전 이데올로기에는 이런 힘이 있습니다.

'발전'이란 말의 그런 효과, 힘을 이해하기 위해 '소급적 목적론'이라는 기묘한 말을 예로 들어봅시다. '목적론'이란 말은 설명할 필요조차 없을 테지요. 아이가 어른이 된다든가, 무릇 '성장'이라는 하나의 목적을 향해 성장하는 것, 자연스럽고, 있어 마땅한 목적을 향한 변화로서 어떤 현상을 설명하는 방법입니다.

'소급적 목적론'의 알기 쉬운 예로 '광석'이라는 낱말이 있습니다. 이 돌, 즉 은(銀) 광석이라든가 연(鉛) 광석이라는 게 무슨 의미인가 하면, 만약 이것을 가루가 될 때까지 빻을 수 있는 기계가 있다면 사람은 금속을 얻을 수 있다고 하는 것입니다. 정련기술이 없었다면 애초에 금속을 얻는 것이 불가능했기 때문에 그 기술이 발명되기 이전에는 그것은 '광석'이 아니었습니다. 인간에게 그 기술이 있기 때문에 광석이라 부르는 것입니다.

물론 돌에 의식은 없습니다만, 돌의 입장에서 생각하면 돌은 금속이 되기 위해 존재하는 것이 아닙니다. 광석에 대한 사전의 정의를 읽을 때 기묘하게 생각되는 것은 금속을 얻을 수 있다고 모두 광석이라고는 할 수 없다는 것입니다. 어떤 돌에서나 금속을 얻을 수 있지만 미량으로는 광석이라고는 부를 수 없습니다. 즉 "이익을 얻을 수 있을 만큼" 금속을 캘 수 없으면 광석이라고 부를 수 없다는 말입니다.

"이것은 광석이다"라는 것은 지질학의 분류법입니다. 이익이 나느냐 나지 않느냐는 인간의 기술과 시장의 가격에 따라 정해집니다. 그렇다면 인간의 '이익'이라는 시장논리가 자연과학 속에 들어오게 됩니다. 금속 가격은 올라간다거나 내려간다거나 합니다. 19세기에 캘리포니아에서 골드러시가 터지면서 금과 은을 캐기 위해 수많은 사람들이 몰려들어 많은 광산이 생겼습니다. 하지만 얼마 뒤에는 점점 수확량이 줄어들었고, 그 산업은 끝이 났습니다. 나는 캘리포니아 출신이기 때문에 잘 기억하고 있습니다만, 1960년대에 정부가 금 가격을 자유화했습니다. 그러자 금 가격이 갑자기 올라갔고 그때까지 아무것도 아니던 돌이 '광석'이 되면서 캘리포니아의 금 산업이 일시적으로 부활했던 일이 있습니다.

돌의 '목적'은 금속을 인간에게 제공하는 것이다라는 식으로, 이렇게 목적을 멋대로 소급하여 정하는 것이 '소급적 목적론'입니다.

'미개발 국가'라는 말도 마찬가지입니다. 미개발 국가의 목적은 우리들을 위해 이익을 올리는 것입니다. 광석처럼 빻아서 열을 가하면 우리들의 이익이 될 것이냐 ─ 된다면 그것은 '발전'입니다.

'발전도상국' 혹은 '미개발 국가'라는 말은 '광석'처럼 바깥으로부터 목적이 주어져 있습니다. 거기서 살고 있는 사람들의 입장이야 어떻든 '목적'을 달성하기 시작하면 그것은 발전이라고 말할 수 있는, 그런 불가사의한 말이 발전입니다.

슬럼은 근대건축이다

이 발전 이데올로기가 지금 세계를 크게 신비화하고 있다는 사실을 깨달아야 합니다. 이것을 탈(脫)신화화하려면, 혹은 신비화되어 있는 것을 보통의 눈으로 보기 위해서는 몇가지 생각을 바꿀 필요가 있습니다.

그 하나는, 세계경제시스템이라든가 세계화라는 말이 자주 사용되고 있습니다만, 세계경제는 이미 하나가 되어있다고 진지하게 믿어보는 게 중요하다고 생각합니다. 이미 말씀드린 대로 세계화는 전혀 새로운 현상이 아니라 식민지시대로부터 시작하여, 계속 진행되어오고 있는 것입니다. 다만 지금 이 자본주의 산업경제시스템은 지구 구석구석까지 뿌리를 내리고 있습니다. 그 영향을 받지 않은 인간은 이 지구 위에 이미 거의 없다고 생각해도 좋을 테지요.

이것이 경제발전의 알맹이입니다. 우리들이 경제발전이라 부르고 있는 것, 그것은 지구 위의 모든 인간과 모든 자연을 산업경제시스템 속으로 집어넣는 것입니다. 그것이 경제발전의 구체적인 내용으로, 이미 수백년간 계속되어왔습니다. 트루먼 대통령의 연설, 즉 경제발전 이데올로기가 세계적으로 등장한 단계로부터 헤아려 보아도 반세기 동안이나 그 일이 계속되어온 것입니다. 그러므로 경제발전은 앞으로의 이야기가 아니라 그것이 오늘날의 세계를 만들었다고 보는 게 옳다고 나는 생각합니다.

우리는 오늘날의 세계를 볼 때 잘돼가고 있는 곳은 발전돼 있다, 사람들이 고통을 많이 받고 있는 곳은 '발전도상국' 혹은 '아직 발전이 충분하지 않다'는 식으로 나눠 보는 경향이 있습니다만, 그것은 환상입니다. '발전한 나라'나 '발전도상국'을 모두 발전이라는 과정이 만든 세계라고 보아야만 합니다.

이것은 하나의 상징적인 표현입니다만, 예를 들어 우리들은 건축을 생각할 때 고층빌딩이라든가 비행장이라든가 철근과 콘크리트라든가 유리로 이루어진 사각형의 건물을 보고, 그것을 '발전'의 결과라고 생각합니다. 그것이 근대건축의 이미지입니다. 또는 포스트모던 건축 쪽이 더욱 멋진 모양을 갖추고 있을지 모르지만, 그렇게 굳게 믿고 있습니다. 그리고 예를 들어 슬럼 사진을 본다거나 실제로 보러 가면 "이것은 아직 발전이 돼있지 않다", 그런 식으로 생각하는 것입니다. 하지만 그것은 크게 잘못된 생각입니다.

실제로 '남(南)'의 국가의 슬럼에 들어가보면 알 수 있습니다만, 그 대부분은 신축입니다. 슬럼에서는 새로운 건물을 짓고 있는 곳도 볼 수 있는데, 그들은 매우 근대적인 '발전된' 건축재료를 사용하고 있습니다. 블록이든가 플라스틱이라든가 베니어판 등, 주로 주워온 것이 많을지는 몰라도 첨단기술로 만든 건축재료가 많습니다. 슬럼이란 근대건축입니다. 슬럼은 현대건축으로, 옛날에

는 없었습니다. 지금은 포스트모던 슬럼도 있을지 모릅니다. 하여
튼 슬럼이란 경제발전의 결과로서 나타난 건축 스타일입니다.

근대건축을 보려고 한다면, 거의 모든 '남'의 국가의 경우, 고
층빌딩과 슬럼을 함께 보지 않으면 안됩니다. 슬럼에 살고 있는
사람들이 실제로 무엇을 하고 있느냐 하면 그 대다수는 고층빌딩
안에서 일하고 있습니다. 청소부라든가 창문닦이라든가 부자의
하인이라든가, 모두 세계경제시스템의 톱니바퀴 속에 완전히 들
어가 있습니다.

경제발전이란 '슬럼 세계'를 '고층빌딩의 세계'로 조금씩 변신
시키는 과정이라고 하는 것은 착각이자 속임수입니다. 경제발전
의 과정에 따라 예전에 있었던 다양한 사회가 '고층빌딩과 슬럼
의 세계'로 바뀐 것이 20세기의 역사적 사실입니다.

필리핀의 마닐라에 있는 유명한 '스모키 마운틴'이 사라졌다고
최근 들었습니다. 너무도 유명하여 일본 텔레비전에도 나왔는데,
아마도 필리핀정부가 그 나쁜 평판을 걱정하여 없앤 것이 아닌가
하는 생각이 듭니다만, 지금도 수많은 '남'의 국가들에서 그와 비
슷한 현상이 있다고 생각합니다.

'스모키 마운틴'은 마닐라의 모든 쓰레기를 버리는 곳으로 도
쿄의 유메노시마(夢の島) 같은 곳인데, 최근까지 수천명이 거기서
살고 있었습니다. 쓰레기 속에서 나오는 가스에 절로 불이 붙어
늘 연기가 나오며 불이 타고 있기 때문에 스모키 마운틴이라 부르
게 되었습니다. 건기(乾期)에는 불길이 나오고 우기(雨期)에는 따뜻
합니다. 거기에 살고 있는 수천명의 사람이 무엇을 하며 사는가
하면 주로 플라스틱을 모으고 있습니다. 플라스틱을 모아 무엇을

하느냐 하면 공장에서 매일 트럭이 와서 그것을 사가는 회사가 있습니다. 아이에서 노인까지 가족 모두가 플라스틱을 모으면 어떻게든 먹고살아갈 수 있는 돈이 들어오는 모양입니다.

플라스틱을 재활용하여 다른 제품을 만드는 회사가 있는 것인데, 이것은 수십년 전에는 없었던 첨단기술입니다. 그러므로 그들은 매우 근대적으로 '발전돼서' 일을 하고 있는 셈이 됩니다. 분명히 그들은 가난하지만 발전이 안돼 있기 때문에 가난한 게 아닙니다. 그것은 전혀 다른 차원의 일입니다.

제3세계 또는 '남'의 국가는 '발전되어' 있지 않은 것이 아닙니다. '발전되어' 그렇게 됐습니다. 발전이 부족하기 때문에 가난한 것이 아니라 발전되어 있기 때문에, 가난한 생활이 이전과 다른 방식으로 바뀌게 되었다고 생각하는 게 옳습니다. 가난하냐 아니냐에 관계없이 이제 지구상의 모든 사람은 세계경제시스템의 톱니바퀴에 완벽하게 물려있다, 그런 의미입니다.

"모두가 언젠가 발전한다" 라고 하는 약속

'빈곤의 근대화'라는 이반 일리치의 말은 우리의 사고방식을 바꾸고자 할 때에도 매우 쓸모가 있다고 생각합니다. 일리치가 그 말을 쓰기 시작했을 때 처음에는 '뜨거운 얼음'이란 말처럼 모순되는 말처럼 들렸습니다. 그렇게 들리는 것 자체가, 근대화가 되면 빈곤에서 해방된다고 하는 고정관념의 엄청난 힘을 말해주고 있습니다. 그런데 빈곤을 빈곤으로서 근대화한다는 것이 있을 수 있다고 하는 것이 일리치의 생각입니다.

경제발전은 남북문제를 해결하는 게 아니라, 바로 그 원인의 하나입니다. 물론 빈부의 차이는 그 이전부터 있었습니다. 경제발전으로 비로소 빈부의 차이가 생겼다는 것이 아닙니다. 그게 아니라, 본래 있었던 빈부의 차를 경제발전이 합리화했다고 하는 것입니다. 합리화라고 하는 것은 이익을 얻을 수 있는 형태로 고쳐 만들었다는 의미입니다. 그러므로 '빈곤의 근대화'란 곧 '빈곤의 합리화'라고 바꿔 말할 수 있습니다.

그리고 그 빈곤의 차이야말로 경제발전의 기본이자 원동력이기도 합니다. 트루먼 대통령의 연설에서나 그 뒤의 경제발전 이데올로기 속에는 경제발전에 따라 가난한 나라 사람들이 부자 나라 사람들을 따라갈 수 있다, 언젠가 세계 모든 사람들이 모두 부자가 될 수 있다고 하는 대의명분과 같은 게 있었습니다. 뒤따라가서 따라잡는다는 것입니다. 그것이 언제이냐는 확실히 말할 수 없지만 세계의 모든 사람이 영국이나 미국 사람들처럼 생활할 수 있게 된다, 그런 약속이 대전제가 되어있었습니다.

하지만 반세기를 거치며 그렇게 되지 않았습니다. 될 것도 아닙니다. 무슨 일이 일어났느냐 하면, 분명히 당시 가난했던 사람이 부자가 된 경우가 있습니다. 하지만 더욱 가난해진 경우도 있습니다. 지금 현재 점점더 가난해지고 있는 나라도 있습니다. 《발전백서》라는, 세계의 성장이 어느 정도 진행되고 있는가 하는 것에 관한 보고서를 세계은행이 매년 내고 있습니다만, 그 책을 보면 마이너스 성장인 나라가 상당히 많습니다.

마이너스 성장이라는 말 또한 생각해보면 불가사의한 말입니다. 그걸 생각해보는 것만으로도 경제성장 이데올로기가 어느 정도 강한가를 알 수 있습니다. 성장이 마이너스라는 것은 괴상한 말입니다. 사람이 줄어드는 것을 "마이너스로 늘어나고 있다"고 말하지는 않지요. 달리 말하는 방식이 있습니다. 성장이라 말할 정도면 높아졌다는 의미일 것이 틀림없는데, "마이너스로 높아지다"라는 말은 오웰이 그려보인 《1984년》 세계의 언어일 것입니다. 어떻든, 성장률이 마이너스가 돼있는 나라가 현재도 있습니다. 그런 일이 실제로 일어나고 있습니다.

그것은 잘못된 성장이며, '발전'을 바로잡으면 우리 모두 풍요로워질 것이라고 하는 사람이 있을지도 모릅니다만, 구조적으로나 원칙적으로 그것은 불가능하다고 나는 생각합니다. 거기에는 여러가지 이유가 있지만 여기서는 간단히 두가지만 설명하겠습니다.

하나는 모두가 경제발전하면 지구가 견디어내지를 못한다는 것입니다. 그것은 분명한 사실입니다. 꽤 오래전에 어느 환경운동가이자 연구자가 내놓은 계산입니다만, 미국 로스앤젤레스의 일인당 에너지 소비를 기준으로 해서, 그것에 세계 인구를 곱합니다. 즉 로스앤젤레스의 소비율이 세계 전역으로 확산될 경우에 어떻게 되느냐 하면, 지구가 다섯개가 아니면 그런 생활은 성립이 안된다는 계산이었습니다. 물론 그것을 그대로 믿을 필요는 없습니다. 여섯개일지도 모르고 세개일지도 모르지만 결론은 같습니다. 그렇게 되면 지구는 견디어내지 못합니다.

내가 아는 한사람은 또 이런 계산을 했습니다. 세계의 모든 가족이 자동차를 한대씩 가진다고 하면 석유는 얼마나 지탱할 수 있을까? 결과는 수개월간이었습니다. 이것도 앞서와 같이 수년간일지도 모르고 수일간일지도 모릅니다. 하지만 결론은 동일합니다. 지금 현재의 인간의 소비조차 지구는 견디어낼 수가 없기 때문입니다. 지금도 지구는 자꾸 상처를 입고 있는데, 세계의 모든 사람들이 로스앤젤레스와 같은 자동차문화와 소비율을 갖게 된다면 어떻게 될까요? 그런 일은 있을 수 없습니다. 이 점에 관해서는 환경운동을 하는 사람들이 반복해서 말하고 있기 때문에 길게 이야기할 필요도 없다고 생각합니다. 아마도 모두 그 사실을 알고 있으리라고 나는 생각합니다. 불가능하다는 것을 모두 알고 있습니다. 알고 있으면서, 예를 들어 일본의 자동차산업은 중국을 '자동차사회'로 바꾸려고 혈안이 되어있습니다.

모두가 부자가 될 수는 없다

다른 하나는 경제발전의 사상 속에는 어떤 종류의 풍요에 대한 이미지가 들어가 있습니다. 풍요에는 여러가지 종류가 있습니다만, 자본주의의 경제시스템은 그중 한 종류의 풍요로움에 대한 동경이 중심이 되어있다고 생각합니다. 그것을 이해하기 위해, 일본어의 '부자'도 좋고 영어의 'rich'도 좋습니다만, 그 풍요로움이란게 과연 어떤 것인지 그 구조를 분석해봅시다.

《옥스퍼드 영어사전》에 나와있는 내용입니다만 'rich'란 라틴어의 'rex', 즉 '국왕'에서 온 말입니다. 그러므로 'rich'의 본래 의미는 경제적인 힘이 아니라 권력입니다. 국왕이 가지고 있는 것과 같은 힘이 이 단어의 본래 의미였습니다.

생각해보면 이해하기 쉽습니다만, 국왕이 가진 힘의 특징은 국왕 이외의 사람은 국왕이 가진 힘을 가지고 있지 않다고 하는 전제에서 출발한다는 것입니다. 어떤 사람이 일어나서 "내가 국왕이다"라고 하고, 또 주위 사람이 전부 "나도 국왕이다"라고 하면 국왕이라고 해봐야 힘이 있을 리 없습니다. 그래서는 단지 말장난이 돼버립니다. 신민(臣民)이 없으면 국왕에게는 힘이 없습니다. 국왕이 명령하고 신민이 일하고, 그것이 없으면 국왕에게는 힘이 없습니다. 그의 힘은 남들의 '힘없음'이 전제되어 있습니다.

그것이 부자의 본래 의미인데, 수백년이 지나 이것이 경제적인 의미가 되었습니다. 즉 돈으로부터 생기는 힘, 바꿔 말하면 경제력이 'rich'의 의미가 된 것입니다. 왜 돈을 가지고 있으면 힘이 되느냐 하면 그것은 남들이 돈을 가지고 있지 않기 때문입니다. 남들이 가지고 있지 않더라도 아무도 돈이 필요하다고 생각하지 않으면 돈을 가지고 있어도 전혀 힘이 되지 않습니다. 즉 돈을 가지고 있지 않지만 돈을 필요로 하는 수많은 사람이 있다는 것이 부자의 전제입니다. 그러므로 돈이 있으면 돈이 없는 사람을 지배할 수 있습니다. 돈이 없는 사람의 노동력을 지배할 수 있습니다. 직접 사람을 고용하거나, 혹은 저임금 노동에 의해 만들어진 것을 싸게 팔거나, 어느 쪽이든 같습니다. 타인의 노동력을 지배할 수 있다고 하는 것이 부자의 본질입니다.

부자가 되려고 하면 원칙적으로 두가지 방법이 있습니다. 하나는 자신이 돈을 모으는 방법입니다. 다른 하나는 주위 사람들을 가난하게 만드는 방법입니다. 어느 쪽이든 결과는 같습니다. 부자란 일종의 사회적인 관계, 곧 사람과 사람과의 관계를 가리키는 언어입니다. 사회의 모든 사람들이 동시에 이전보다 돈을 많이 가지게 된다고 해도 사회는 풍요로워지지 않습니다. 경제용어로 말하면 그것은 단순한 인플레이션입니다. 다만 물건의 가격이 올라갈 뿐, 모든 사람이 유복해질 수는 없습니다.

물론 나는 그것이 유일한 풍요라고는 생각지 않습니다. 인간이 공유할 수 있는, 함께 살아갈 수 있는 풍요로움이 있다고 생각합니다. 하지만 이 세계경제시스템 속의 풍요로움, 경제발전에 의해 언젠가 따라잡겠다고 생각하고 있는 상태, 할리우드영화에 그려져 있는 미국의 부자생활이나 유럽이나 일본의 풍요로운 생활의 이미지는 내가 말하는 그런 풍요로움이 아닙니다. 그것은 상대적인 풍요로움, 어딘가에 저임금 노동자가 있는, 돈이 필요한 인간이 무수히 있다고 하는 전제 위에 서있는 풍요로움으로, 세계의 모든 사람들이 모두 함께 부자가 될 수는 없는 것입니다.

빈곤은 재생산된다

빈곤에도 몇가지 종류가 있다고 생각합니다. 그 분류가 지금 우리가 살고 있는 세계에 존재하고 있는 빈부의 차이를 고려하는 데 도움이 되리라는 생각에서 여기에서 네종류로 나누어서 설명을 해보겠습니다.

하나는 전통적인 빈곤입니다. 이것은 자급자족사회를 가리킵니다. 자급자족사회는 가진 것이 많지 않지만 그것으로 만족하고 있습니다. 가지고 있는 것과 필요한 것 사이의 차이가 그다지 없기 때문에 전통적인 빈곤 속에 있는 사람들은 이 정도의 생활로 좋다고 생각하고 있습니다. 바깥에서는 가난하게 보더라도 자급자족사회 안에 있는 사람들은 그렇게 생각하고 있지 않습니다. 어디까지나 '바깥에서 본 빈곤'입니다.

두번째입니다만, 이것은 세계은행이 말하는 '절대빈곤'입니다. 이것도 매우 알기 쉬운 빈곤이라고 생각합니다. 요컨대 먹을 것이 부족하고, 약이 모자라고, 입을 옷이 없어서 건강한 생활을 할 수 없는 상태, 영양실조라든가 어린이가 굶어 죽는다든가, 그런 빈곤입니다. 이것은 첫번째의 전통적인 빈곤, 즉 자급자족과는 다른 상태입니다.

세번째는 앞에서 설명했던 부자의 전제가 되어있는 빈곤입니다. 어떤 사회 속에 경제력이 있는 부자가 있으면 반드시 그 주변에는 경제적으로 무력한 사람들이 다수 있게 마련입니다. '부자/가난한 자'라고 하는 사회관계 속의 빈자(貧者)란 그 사회 안에 있는 한, 부자의 말을 들을 수밖에 없고 부자를 위해 일할 수밖에 없는 사람들을 일컫습니다.

빈곤에 관한 증언, 혹은 문학을 읽어보면 배가 고파서 고통스럽다고 하는 내용도 있습니다만 그보다 많은 것이 모욕적인 장면입니다. 부자에게 바보 취급을 당해야 하는 그런 사회관계가 가장 괴로운 것입니다. 바보 취급을 당하면서도 반항을 할 수 없는 그 무력감이 이 빈곤의 특징입니다.

여기서 또하나, 네번째의 빈곤이 있습니다. 기술발달에 따라 새로운 필요가 만들어지고, 거기로부터 새로운 종류의 빈곤이 탄생하는 것입니다. 일리치의 말을 빌리면, '근원적 독점'에서 생기는 빈곤입니다. 이 말은 이해하기 쉽지 않으므로 조금 설명이 필요합니다.

경제의 역할은 본래 의식주라는 인간의 필요에 응하기 위해 먹을거리를 비롯하여 여러가지 물건이나 서비스를 생산하여 제공하는 것을 뜻합니다. 사람은 기본적으로 먹을 것이 필요하고, 옷이 필요하고, 살기 위한 건물이 필요합니다. 그것을 제공하는 것이 경제의 역할이었습니다. 그것은 사람이 본래부터 가지고 있는 기본욕구입니다.

그런데 20세기가 되면서 사람들이 꿈도 꾸지 못했던, 필요하다고 생각도 해보지 못했던 물건이 생산되기 시작했습니다. 존재하지 않았고, 그래서 필요하다고도 생각하지 않았던 물건을 만들게 되었습니다만, 그것은 단순히 사람들의 취미라든가 흥미가 변했다는 의미가 아닙니다. 그 새로운 제품을 사지 않으면 만족한 생활이 불가능한 그런 사회를 그동안 우리는 만들어왔다고 하는 것입니다.

그 과정을 살펴볼까요. 지금까지 존재했던 적이 없는 상품이 처음에는 사치품으로서 등장합니다. 살 수 없는 사람은 살 수 있으면 좋겠다는 생각은 하지만 그 일로 속이 상하는 일은 없습니다. 그러나 그 사이 사회가 변하면 그 상품이 어느새 '있으면 좋은 것'에서 '없으면 곤란한 것'으로 변해가며 살 수 없는 사람을 비참하게 만들고 가난한 사람으로 만듭니다.

자동차가 좋은 예의 하나입니다. 내가 태어난 캘리포니아는 지금 세계에서도 유명한 자동차사회가 되어있습니다만, 물론 백년 전의 캘리포니아에 자동차는 없었고 자동차 없는 생활이 가능했습니다. 자동차 없어도 물건을 살 수 있었고, 어딘가 가려고 하면 시간이 걸리기는 했지만 어디라도 갈 수 있었습니다. 이렇다 할 일이 없으면 사람들은 그렇게 멀리까지 가지 않았습니다. 자동차가 없었기 때문에 당연한 일이기는 합니다만 아무튼 그때는 자동차 없는 생활이 가능했습니다.

그런데 지금 캘리포니아의 거의 모든 거리에서는 자동차가 없으면 살아갈 수 없습니다. 원하느냐 원치 않느냐는 별개 문제로 자동차가 있다고 하는 것이 거리 구성의 전제가 돼버렸습니다. 이 것이 일리치가 말하는 '근원적 독점'이라는 개념의 의미입니다.

자동차사회는 "자동차를 사면 어떻겠냐?"라고 사람을 설득하고 있는 것이 아니라 "자동차가 없으면 가난뱅이다, 그대는 매우 불편한 생활을 하고 있는 거야"라고 사람을 위협하고, 강제하고 있습니다.

미국에서는 매우 유명한 일입니다만, 1920년대까지 로스앤젤레스는 세계에서도 유수한 통근전차가 있는 도시였습니다. 그것을 자동차회사가 사들였습니다. 그들은 차츰 전차를 줄여가며 사람들을 불편하게 만들다가 마침내 적자라며 전차 운행을 모두 중지했습니다. 자동차산업은 미국 안의 철도나 노면전차 회사를 매수하여 자동차문화를 만들었습니다. 매우 폭력적인 역사입니다. 자유시장 속에서 자동차문화가 성립하게 된 것이 아닙니다.

고속도로 건설 등을 통해 정부는 엄청난 돈을 들여 자동차산업을 지원했습니다. 1950년대에 아이젠하워는 정책으로서 미국 전역에 고속도로를 건설하는 역사상 유례가 없는 공공사업을 했습니다. 그것이 지금 미국문화의 기본이 되어있습니다. '패스트 푸드'나 '드라이브 인 레스토랑'이 나라 안 어디에나 생겼습니다.

일본에서도 옛 국철은 적자로 세금만 낭비하고 있다고 비난을 당하고 있습니다만, 만약 일본의 자동차회사가 도로를 전부 만들고 관리했다면 자동차 한대가 얼마나 비싸졌을까요. 차가 편리하기 때문에 자연히 자동차사회가 된 것이 아닙니다. 정책으로서 인위적으로 그렇게 만들었습니다.

지금은 컴퓨터가 그렇게 되어가고 있습니다. 실은 나도 몇주 전에 컴퓨터를 샀습니다만, 그것을 원했기 때문이 아닙니다. 컴퓨터는 내게 전혀 편리한 물건이 아닙니다. 하지만 최근에는 원고를 플로피디스크에 넣지 않으면 출판사가 받아주지 않습니다. 옛날에는 타자기나 펜으로 쓴 원고를 보내면 됐는데 최근, 특히 미국의 출판사는 그것을 거절하고 있습니다. 그러므로 컴퓨터를 사지 않으면 일을 할 수 없게 되어버렸습니다.

무엇인가 새로운 기술이 생기면 처음에는 부자만이 삽니다. 그것이 차츰, 있으면 좋다가 아니라 없으면 곤란한 것으로 되어갑니다. 살 수 없는 사람들은 그것을 살 돈이 없기 때문에 가난한 사람이 됩니다. 이 빈곤의 특징은 경제발전이나 기술발전에 따라 해소되는 것이 아니라 오히려 경제나 기술의 발전에 따라 재생산된다는 점에 있습니다. 이 빈곤은 기술발전에 따라 끊임없이 만들어지는 빈곤입니다.

경제발전으로 빈곤은 해소되지 않는다

20세기의 경제발전은 크게 말해서 이 네종류의 빈곤 가운데 첫번째를 세번째와 네번째로 고쳐 만드는 과정입니다. 백년 전의 세계에서는 자급자족으로 좋다고 생각하는 사람이 지구 위에 상당히 많이 있었습니다. 그 사람들은 1933년의 백과사전에 쓰여있는 대로, 좀처럼 "착취하기 어렵습니다". 현실에 만족하고 있기 때문에 착취하는 것이 어려운 것입니다. 그런 빈곤을 세번째와 네번째 형태, 즉 착취하기 쉬운 형태로 전환시킨 것이 경제발전의 정체입니다. 세번째란 인간을 노동자로 만드는 것, 네번째는 인간을 소비자로 만드는 것입니다. 모든 사람을 노동자나 소비자가 되게 하는 게 경제발전입니다.

그리고 두번째의 절대빈곤의 수는 백년 전과 비교하여 20세기 동안에 늘어났지 않았습니까? 이것이 '빈곤의 근대화'의 모습입니다.

되풀이해서 말하면, 경제발전은 빈부의 차이를 없애는 것이 아니라 빈곤을 이익이 나는 형태로 고쳐 만드는, '빈곤의 합리화'입니다. 예를 들면 앞에서 로스앤젤레스의 예를 들었습니다만, 로스앤젤레스는 아마도 세계에서도 가장 에너지 소비율이 높은 도시일 것입니다. 한 가족에 자동차 석대인 경우도 그다지 드물지 않고, 차고에 자동차가 석대는 들어가는 집도 많습니다. 로스앤젤레스의 부르주아 중에는 집에 수영장을 가지고 있는 사람도 드물지 않고, 일년 내내 에어컨이 움직이고 있는 집도 많습니다. 에너지 소비가 엄청나게 많습니다. 거기다 할리우드가 있기 때문에 그런 로스앤젤레스의 '풍요로운' 생활은 아마도 세계의 모든 사람들이 알고 있습니다. 동경심을 가지고 있는 사람도 많을 테지요. 하지만 실제의 로스앤젤레스에는 빈부의 차이가 대단히 큽니다. 에너지 소비라는 면에서 보면, 경제발전이 훨씬 앞서 진행된 도시임에도 불구하고 빈부의 차이는 사라지지 않고 그대로 남아있습니다. 사라지기는커녕 오히려 극심한 빈부의 차가 일어나고 있습니다.

로스앤젤레스는 매우 폭력적인 도시입니다만, 빈부의 차이가 그 가장 큰 원인 중의 하나입니다. 로스앤젤레스의 부잣집 현관마다 "허락 없이 들어오는 자는 쏘겠다"라고 쓰여진 간판이 죽 걸려있는 것을 본 적이 있습니다. 경찰을 부르는 것이 아니라 쏘겠다고 하는 대단히 폭력적인 간판입니다만, 손으로 쓴 글씨가 아니었습니다. 아마 그런 간판이 로스앤젤레스의 어딘가에서 인쇄되고, 또 그것을 파는 가게가 있는 모양입니다.

경제발전에 따라 빈부의 차이가 없어진다고 하는 환상은 로스앤젤레스를 보면 잘못된 말이라는 것을 알 수 있습니다. 빈부의 차이란 경제발전에 따라 해소되는 것이 아닙니다. 빈부의 차이는 정의(正義)의 문제라고 생각합니다. 경제학의 입장에서 보면, 빈부의 차이가 나쁠 이유는 하나도 없습니다. 정의라는 말은 경제학의 용어가 아닙니다. 경제학 공부에서는 정의라는 말을 배우지 않습니다. 빈부의 차이가 있어서는 안된다는 생각은커녕 있는 것이 당연하다고 되어있습니다.

'정의'란 정치용어입니다. 빈부의 차이는 경제활동으로 고칠 수 있는 게 아닙니다. 빈부의 차이를 고치려고 한다면 정치활동, 즉 의논하고 정책을 결정하여, 그것을 없앨 수 있는 사회나 경제구조로 바꾸지 않으면 안됩니다. 그렇게 하지 않으면 해소될 성질의 것이 아닙니다.

제4장

제로성장을 환영한다

　　로마클럽에서 《성장의 한계》라는 책이 나온 것은 1972년의 일
이었습니다. 그 책은 제목에서 알 수 있듯이 세계의 경제성장을
곧 멈추지 않으면 안된다는 연구였습니다. 슈마허의 《작은 것이
아름답다》라는 책은 1973년에 나왔습니다. 1970년대 초에 이와
같은 연구결과가 연이어 발표된 걸로 기억하고 있습니다.

　　경제성장이 곧 지구를 파괴하는 가장 큰 원인 중의 하나라는 사
실은 그 무렵부터 계속 알려져 이제는 모르는 사람이 없을 정도입
니다. 30년 전부터 그런 연구가 많이 나오고 있습니다. 그 덕분에
경제성장은 이제 곧 한계에 이르렀다, 그것을 멈추지 않으면 안된
다는 것을 지식으로는 모두 알고 있습니다. 그러나 알고 있는 것을
행동으로 옮기는 일은 무슨 이유 때문인지 잘 안되고 있습니다.

　　유엔은 국제회의를 열어 결의문을 채택하거나 선언을 발표하거
나 합니다. 일본에서는 과거 한때 제 젓가락을 가지고 다니는 게
유행한 적이 있습니다. 삼림벌채로 이어지는 나무젓가락 사용은

좋지 않다는 게 이유였습니다. 그러나 얼마 뒤에 그런 일도 한물갔습니다. 10년 전의 일로 지금은 그런 사람을 거의 볼 수 없습니다.

우리는 태울 수 있는 쓰레기와 태워서는 안되는 쓰레기, 해로운 쓰레기, 깡통, 병 등으로 날마다 쓰레기를 분리해서 내거나 하고 있습니다. 또 유기농업을 한다거나 혹은 그 유기농업으로 만든 야채나 과일을 사거나 합니다.

하지만 기본적으로는 소비사회, 소비문화 속에서 살고 있습니다. 대부분의 경제학자나 정치가, 비즈니스맨은 앞으로도 경제성장을 계속한다는 입장에 서있습니다. 그리고 이 입장은 변함없이 '현실주의'로 받아들여지고 있습니다.

하지만 수년 전부터 일본의 성장률이 제로가 되었습니다. 로마클럽이 28년 전에 제안한 상태가 지금 실제로 일본에서 벌어지고 있습니다. 물론 이것은 바라지 않았던 결과이지, 일본이 로마클럽의 제안을 받아들인 것은 아닙니다. 제로성장이 된 이유는 그와 다릅니다만 하여튼 지금 일본에서는 실제로 그런 일이 벌어지고 있습니다. 경제학자나 정치가들은 이 상황을 어떻게든 고쳐서 다시 경제성장을 계속해야 한다는 입장에 서있습니다. 그런 입장에서 정책을 논의하고 있습니다.

이 책의 첫머리에서 타이타닉호를 비유로 들었습니다만, 지금 일본은 마치 타이타닉호가 빙산에 부딪히기 바로 전에 엔진 고장으로 멈춰버린 상태와 같습니다. 승객과 선원들이 갈팡질팡하며 열심히 엔진을 고쳐보려고 하고 있습니다. 빨리 엔진을 고친 다음 다시 한번 속도를 내어 달려보고 싶다, 그런 상황입니다. 멈춰서 잘됐다고 하는 사람은 별로 없습니다. 하지만 다시 한번 달려나가고 싶다는 것은, 곧 또한번 빙산을 향해 나아가고 싶다는 것과 다르지 않습니다.

일본의 이와 같은 상황, 요컨대 제로성장 상황은 '불경기'라든가 '불황'이며, 큰 문제라고 신문의 경제면에는 쓰여있습니다. 하지만 그것을 매우 의미있는 '기회'로 받아들이는 것이 좋지 않겠느냐는 것이 내 생각입니다. 제로성장을 '엔진 고장'이라 여기지 말고, 기꺼이 반가운 마음으로 받아들이자는 것입니다. 제로성장을 오히려 정부와 나라 전체의 적극적인 정책으로 삼으면 어떻겠느냐는 것이 나의 제안입니다. 앞으로도 경제성장을 계속하며 풍요로운 사회를 추구해갈 것이 아니라, 경제성장 없이 제로성장 상태로도 풍요로운 사회를 만들 수 있지 않겠느냐는 문제제기, 문제설정으로 관점을 바꾸자는 것입니다.

"파이가 커지면 조각도 커진다"고 하는 거짓

물론 이와 같은 표현은 오해를 불러오기 쉽기 때문에 주의할 필요가 있습니다. 비유는 어디까지나 비유이고 현실 그대로는 아닙니다. 일본경제가 제로성장에 이르렀다고 하여 환경파괴가 끝난 것도 아닙니다.

"제로성장을 환영한다"는 것은 성장이 제로가 되면 그것으로 모든 문제가 해결된다는 의미가 아니고, 제로가 된 것을 역사적 기회로 삼으면 어떻겠느냐는 뜻입니다. 경제성장을 문제해결을 위한 만능약으로 써온 구시대를 끝내기 위한 기회로 말입니다.

물론 이것은 실업자나 집이 없어 떠도는 사람, 빈민의 증가를 막는 노력을 포기하자는 게 절대 아닙니다. 그보다는 그 문제의 진짜 해법을 찾자는 뜻입니다. 앞에서도 말했듯이 이것은 경제적인 해결이 아니라 정치적인 해결입니다. 요컨대 성장이 아니라 분배입니다. 정당한, 정의에 바탕을 둔 분배에서 해결을 찾자는 뜻입니다.

이 정의의 자리에 경제성장이 자리잡게 된 것은 오래전 19세기의 일입니다. 우리들은 빈부의 차이가 사회에 나타나면 그 해결을 정당한 분배에서 찾지 않고 경제성장에서 찾았습니다.

풍부한 파이를 재분배하려고 하지 않고, 파이 그 자체를 크게 만들면 작은 조각도 그 나름대로 커질 테니 모두 만족할 수 있지 않느냐는 게, 지금까지 미국정부가 진부하게 들릴 만큼 반복하여 이야기해온 내용입니다. 파이란 물론 파이 모양 그래프에서 나온 비유입니다. 하지만 우연히 그것은 미국사람들이 즐겨 먹는 식품이기도 합니다. '남(南)'의 국가에서 미국의 파이를 먹고 싶지 않은 사람도 있을 것이므로, 이 비유만으로도 누군가가 무시되고 있다는 걸 알 수 있습니다. 어떻든 그런 식으로 계속 이야기되어왔습니다. 파이 조각의 크기를 고르게 하는 게 아니라 파이 전체를 크게 만든다, 그렇게 하면 모두 자기 몫의 비율은 낮아질지 몰라도 조각 자체는 커진다. 이렇게 재분배의 정의 대신에 경제성장을 모색해왔습니다.

하지만 여기에는 적어도 다음과 같은 두가지 문제가 있습니다. 우선 파이는 커질지 모르지만, 지구 곧 자연환경은 커지지 않습니다. 그러므로 더 큰 파이를 목적으로 경제성장을 계속해서 추구할 수는 없습니다. 그것은 앞에서 말씀드린 대로입니다.

그리고 세계경제시스템 그 자체의 구조에서 생각하면, 파이의 큰 부분은 어째서 크냐 하면 물론 작은 쪽의 것을 가로채고 있기 때문에 큰 것입니다. 그러므로 경제성장에 따라 작은 파이 조각도 커진다는 말은 거짓입니다. 실제로도 지구에는 '마이너스 성장' 국가가 있습니다.

현재 세계인구의 20퍼센트가 전세계 자원의 80퍼센트를 소비하고 있다는 것은 매우 유명한 통계입니다. 물론 자원의 80퍼센트가 모두 그 20퍼센트의 사람들이 생활하는 나라 안에 있지 않습니다. 풍요로운 나라의 풍요로움이 어디에서 오느냐 하면 이른바 가난한 나라로부터 수입되고 있습니다. 잘사는 나라는 가난한 나라의 것을 차지하고 있기 때문에 풍요로운 것입니다. 풍부한 파이 재료는 본래 가난한 나라 것이므로, 그들의 파이 조각이 커질 까닭이 없습니다. 그것은 물론 국제적으로도 그렇고, 또 한 국가의 국내 경제의 경우에도 마찬가지입니다.

풍요의 질을 바꾸다

앞에서 말씀드린 대로 제로성장을 환영한다는 것은 상대적으로 가난한 사람들이나 집이 없어 떠도는 사람, 직장을 잃은 사람들을 무시하는 것이 결코 아닙니다. 이 정책은 오히려 그런 사람들의 안전을 보장하는 구조, 곧 안전망 만들기를 목표로 삼습니다. 오늘날의 경쟁사회를 상호부조라고 할까, 예컨대 사람들이 서로 협력하는 살기 좋은 사회로 바꿔간다는 것을 뜻합니다.

물론 이것은 새로운 생각이 결코 아닙니다. 수백년 전부터 자본주의에 대한 이와 같은 비판, 대안은 계속 나왔습니다. 자본주의의 풍요로움은 진짜가 아니라고 하는 비판도 계속되고 있습니다.

그리고 그런 목소리가 최근에는 일본에서도 이데올로기와 관계 없이 일반 사회 속에서 나오고 있습니다. 참다운 풍요란 어떤 것이냐는 겁니다. 여론조사에서도 앞으로는 물질의 풍요보다는 마음의 풍요를 찾아야 한다는 대답이 많아지고 있습니다. 받는 돈이 줄어들더라도, 자기 시간을 얻을 수 있다면 그쪽을 선택하겠냐는 질문에 대해서도 그렇게 하고 싶다는 사람이 늘고 있습니다. 지금보다 적게 받더라도 일하는 시간을 줄이고 자유시간을 더 갖고 싶다는 의견도 상당히 많다는 뜻입니다.

여론조사에만 그렇게 나오는 게 아닙니다. 실제로 그렇게 하려고 원하고, 이미 그렇게 하고 있는 젊은이들도 상당히 많습니다. 일생 동안 같은 회사에서 일하기보다는 잠시 일하고 자기가 좋아하는 일을 하는 아르바이트 쪽이 좋다든가, 회사에 얼마 동안 다니다가 그만둔다고 하는 삶의 방식도 계속 늘어나고 있습니다. 내 시간을 갖고 싶다, 돈보다도 내가 하고 싶은 일을 하고 싶다든가, 그런 선택을 하는 사람들이 늘어나고 있는 것입니다.

그 정도는 이미 '상식'이 되어있지만 사실은 아직 참된 상식이 되어있지는 않습니다. 또는 상식이 되어있기는 하지만 그 실현, 그 전환이 무슨 까닭인지 잘 안됩니다. 지금은 그런 상황이라고 생각합니다.

그런데 왜 그렇게 바뀌지 않는 것일까요?

경쟁사회를 지탱하고 있는 기본적인 감정은 두려움이라고 나는 생각합니다. 암묵 속에 존재하는 두려움입니다. 열심히 쉬지 않고 일하지 않으면 가난뱅이가 될지 모른다, 집 없이 떠도는 신세가 될지도 모른다고 하는 공포. 혹은 병에라도 걸리면 병원에 가야 하는데 그 병원비를 지불하지 못하면 어떻게 할 것이냐 하는 공포입니다. 그러므로 사고방식을 바꾸고 싶다가도 결국에는 어떻든 일을 계속하지 않으면 안된다고 하는 개인적인 선택 쪽으로 기울어집니다.

그런 공포가 있다는 것은 사회의 안전구조가 약하기 때문입니다. 경쟁사회란 기본적으로 그런 구조입니다. 즐겁기 때문에 이 일을 한다 혹은 계속한다고 하기보다, 목이 잘리면 나는 어떻게 되나, 직장에서 잘리면 가족은 어떻게 되나, 아이들은 어떻게 되나 하는 공포가 경쟁사회의 원동력입니다. 공포가 사회를 움직이고 있습니다.

공생사회라든가 상부상조의 사회를 실현하고, 그 어떤 이도 빠짐없이 서로 뒤를 돌보아주는 그런 진정한 의미의 안전이 보장된 사회라고 한다면, 그 두려움은 크게 줄어들 것이 틀림없습니다. 그런 두려움이 줄어든다면 건전한 제로성장의 사회는 가능해지지 않겠습니까.

제로성장을 환영한다는 것은 소극적인 정책이 아닙니다. 배를 예로 들어 말하면, 엔진을 끄고 아무것도 하지 않는다는 뜻이 아니라는 겁니다. 그게 아니라 경제성장보다도 훨씬 재미있는 프로젝트를 적극적으로 추구해간다는 뜻입니다. 물질만의 풍요가 아니라 참다운 의미의 풍요를 추구하는 사회, 그리고 정의에 바탕을 둔 사회를 어떻게 만들 것이냐는 겁니다. 경제성장 사회와는 크게 다른, 훨씬 재미있고 신나는 역사적인 프로젝트를 추진한다는 뜻입니다.

'대항발전'이란 무엇인가

그런 사회를 추구하는 과정을 나는 잠정적으로 '대항발전 (counter-development)'이라 부르고 있습니다.

왜 잠정적이냐 하면 이제까지 '발전'이란 말에는 나쁜 역사가 있기 때문입니다. 경제발전이 제대로 잘되지 않을 때마다 발전경제학자 대부분이 '발전'이란 말에 형용사를 붙이면 이 말을 계속해서 쓸 수 있다고 생각했습니다. 그래서 몇번이고 새로운 형용사가 붙은 것입니다. 지금까지는 거짓 발전이었다, 그러므로 앞으로는 진짜 발전이다, 사람 중심의 발전이다, 이런 온갖 형용사가 붙었습니다. 그중에 가장 새로운 것이 '지속가능한 발전'이란 말입니다. 이미 밝혀진 대로 그것이 무엇을 지속가능하게 하고자 하는 것이냐 하면 물론 이제까지 그대로의 발전입니다. 그것을 계속할 수 있는 방법을 찾고 있습니다. 요컨대 경제성장을 계속하기 위한 '발전' 이외의 아무것도 아닙니다. 그런 형용사가 붙은 여러 발전과 '대항발전'을 나는 함께 버무려 쓰고 싶지 않은 것입니다.

'대항발전'이란 말에서 먼저 말하고 싶은 것은 지금까지의 '발전'의 의미, 곧 경제성장을 부정하는 것입니다. 앞으로 발전해야 하는 것은 경제가 아니라는 뜻입니다. 그것은 거꾸로 인간사회 속에서 경제라는 요소를 조금씩 줄여가는 과정입니다.

그러므로 대항발전의 첫째 목표는 곧 '줄이는 발전'입니다. 에너지 소비를 줄이자는 것입니다. 각자가 경제활동에 쓰고 있는 시간을 줄이자는 것입니다. 가격이 붙은 것을 줄이는 겁니다.

대항발전의 두번째 목표는 경제 이외의 것을 발전시키자는 겁니다. 경제 이외의 가치, 경제활동 이외의 인간활동, 시장 이외의 모든 즐거움, 행동, 문화, 그런 것을 발전시킨다는 뜻입니다. 경제 용어로 바꿔 말하면 교환가치가 높은 것을 줄이고 사용가치가 높은 것을 늘리는 과정입니다.

'발전'이나 '성장'이란 말에는 나쁜 역사가 들어있기 때문에 이 말은 쓰지 않는 쪽이 좋다는 생각도 설득력이 있지만, 사회를 한꺼번에 바꾸려는 게 아니라 조금씩 바꾸어가자는 뜻이므로 거기에 걸맞는 말이 필요합니다. 그러므로 '발전한다(develop)'는 말의 본래 의미를 생각하면 '발전'이란 말도 잠정적으로는 적당할지 모릅니다. 감히 '발전'이란 말을 고른 또하나의 이유는 미래의 인류역사에서 헤겔과 같은, 혹은 맑스와 같은 대(大)비약은 기대할 수 없다고 생각하기 때문입니다.

맑스의 사상 속에서 자본주의사회를 바꾸겠다는 생각은 대단한 비약이었습니다. 혁명을 일으켜 사회의 가치관과 의식, 생산수단의 사용법을 단번에 바꾸면 자본주의사회와는 전혀 다른 사회가 되리라는 생각이었습니다. 어떻게 그것이 가능하다고 생각했느냐 하면, 맑스는 자본주의가 만들어온 기계문명을 그대로 평가해왔기 때문입니다. 맑스는 기계문명을 그대로 받아들여도 좋다고 생각하고 있었습니다. 맑스에게 문제가 되었던 것은 그 기계를 누가 갖느냐는 것이었지 기계문명 그 자체는 아니었습니다. 그러므로 의식혁명과 사유제도의 변혁에 따라 전혀 다른 사회가 된다고 믿을 수 있었던 것입니다.

하지만 20세기가 끝나려고 하는 단계에서 우리가 알 수 있는 것은 맑스의 용어로 말하면, 생산수단, 더 간단히 말하면 기계문명이나 기계 그 자체가 실은 '문제'의 하나라는 겁니다. 그것이 지나친 생산이나 소비로 이어지며, 과잉발전·과잉성장 상황을 낳고 있습니다.

이런 상황에서 한꺼번에 문제를 해결하고자 하면 매우 폭력적으로 되기 쉽습니다. 자, 필요없는 이런저런 물건은 오늘부터 단 하나도 생산하면 안된다는 식이 되면, 수많은 사람들이 일자리를 잃어야 하고 그에 따라 큰 혼란이 벌어질 것입니다. 그것이 커다란 재난이 되리라는 것은 불을 보는 듯한 일입니다. 그러므로 상황을 보아가며 조금씩 고쳐가는 식으로 길게 생각하지 않으면 안됩니다. 그런 의미에서도 '대항발전'이란 말은 적당하다고 말할수 있습니다.

'지속가능한 발전'도 포함한 지금까지의 경제발전과 대항발전의 가장 큰 차이의 하나는 그것에 따라 어느 지역이 바뀌지 않으면 안되느냐는 것입니다. 문제가 어디에 있느냐는 것입니다. 트루먼의 연설인 "미개발 국가들을 발전시킨다"는 말에서 바뀌어야할 나라는 '남(南)'의 국가입니다. 경제발전의 이데올로기 속에서는 '남(南)'의 국가에 문제가 있다는 것이 대다수의 생각이었습니다. 그 시대라면 '남(南)'이라기보다 '옛 식민지' 혹은 아프리카, 아시아, 라틴아메리카의 나라들을 말합니다. 문제는 그런 나라에 있고, 그런 사회를 고치지 않으면 안된다는 것이었습니다.

하지만 대항발전의 경우는 이것과 다릅니다. 환경문제를 생각하는 사람들 대부분이 말하고 있지만, 환경문제(물론 빈부격차도)를 일으키는 것은 '남'이 아니라 '북'입니다. 지나치게 발전과 생산을 하고 있는 산업국가입니다.

'북(北)'의 정치인은 "환경문제는 '남'의 탓"이라고 말하는 일이 많습니다. 예를 들면 인구폭발은 '남'의 세계에서 일어나고 있다든가 '남'의 세계가 가족계획을 하지 않으면 세계는, 지구는 더 이상 견딜 수 없다는 식으로 말하고 있습니다.

나의 인도 친구가 자주 하는 말이 있습니다. 다른 나라의 NGO 쪽 사람들이 와서 인도가 환경문제를 일으키고 있다는 식으로 말하고 있지만, 인도는 역사 속에서 아직까지 남의 나라 자원을 착취했던 적이 한번도 없다는 게 그의 말입니다. 인도는 남의 나라에 그런 의미에서 '폐'를 끼친 적이 없습니다. 자원을 수입해들인 일이 없기 때문에 남의 나라를 착취할 수가 없었습니다. 인구문제 또한 인도 속에서 모두 어떻게든 처리하고 있지 않느냐고 그 친구는 말합니다.

다시 말하지만, 문제는 어디에 있고, 어느 나라를 바꾸지 않으면 안되느냐는 것입니다. 바꿔야 하는 것은 물론 '북(北)'의 국가입니다. 예를 들면 경제에 관한 국제회의의 문제설정을 앞으로는 그처럼 바꿔야 할 것입니다. '남'을 어떻게 하겠다는 것이 아니라 '북'을 어떻게 해야 하나, '북'을 어떻게 바꿔야 하나. 영국, 프랑스, 독일, 북유럽, 미국, 캐나다, 일본을 어떻게 바꿔야 하나. 앞으로는 그것이 주요 주제가 되어야만 한다고 생각합니다.

그리고 누가 더 잘 알고, 누가 누구에게 배워야 하는가 하는 문제에 관해서도 의식 전환이 필요합니다. 지금까지는 '북'이 박식한 것으로 알아왔습니다. '북'이 지식이나 기술을 가지고 있고, 그것을 '남'에 가르쳐준다는 형태였습니다. 기술자도 '북'에서 '남'으로, NGO도 '북'에서 '남'으로, 평화군대도 '북'에서 '남'으로 파견되었습니다. 아무것도 모르는 '북'의 20대 젊은이까지 '남'에 가면 가르칠 능력이 있는 사람으로 대접을 받는다는 식이 되어있습니다.

하지만 이제는 그 반대로 하면 어떻겠느냐는 게 내 생각입니다. 말하자면 "거꾸로 평화부대"입니다. '남'에서 '가난한' 사람들을 불러 '북'의 지나친 생산과 소비와 발전의 모습을 보인 다음, 고쳐야 하느냐고 그들의 생각을 묻고 가르침을 구걸하는 것입니다. 맑스는 헤겔의 사상을 거꾸로 풀어 썼다고 하는데, 그때 헤겔의 주머니에 숨어 있던 온갖 것들이 떨어져 나왔습니다. 그처럼 지금까지의 교사／제자 관계를 거꾸로 바꾸면, 지금까지 보이지 않던 여러가지 것이 "떨어져 나올" 것입니다.

앞 장에서 '발전한다(develop)'는 말은 본래 자동사였는데, 트루먼 대통령의 연설 단계에서 타동사가 되었다는 이야기를 했습니다. 트루먼의 연설 이후 "나라 A는 나라 B를 발전시킨다"는 형태가 되었습니다. "대항발전한다"는 것은 물론 타동사가 아닙니다. "나라 A는 나라 B를 대항발전시킨다"는 문장은 성립되지 않습니다. 그리고 이것은 자동사도 아닙니다. 왜냐면 '대항발전'은 혼자서는 혹은 한 나라로는 불가능하기 때문입니다. 그러므로 자동사도 될 수 없습니다.

생각해보면 동사는 자동사가 아니면 타동사라야 한다는 이 양자택일이 어거지입니다. 그보다는 이도저도 아닌 또하나의 가능성이 있지 않을까요. 나는 언어학자가 아니기 때문에 문법으로 성립이 되는지 어떤지는 알 수 없지만, 타동사도 자동사도 아닌 '대화적 동사' 혹은 '함께 산다(共生)'의 '함께(共)'를 이용하여 '공동사(共動詞)'라고 할 수도 있지 않을까요. 인간의 활동으로서 실제로 그런 활동이 분명히 있는 것이고, '대항발전'도 그런 활동이기 때문에. 혼자서 할 수도 없고, 남에게 시킬 일도 아니다, 같이 해야 합니다. 언어학적으로 그런 동사가 있을 수 있느냐 어떠냐는 알 수 없지만, 그런 뜻입니다.

'대항발전'은 진짜 행복을 추구한다

그러면 '대항발전'은 어떤 목적을 구체적으로 설정할 수 있을까요? 통계로 분명히 말할 수 있는 목적이 있습니다. 《북(北)의 녹색화》라고 하는 책은 독일의 부퍼탈연구소의 연구발표인데, 1996년에 초판이 나왔습니다. '대항발전'이라는 말은 쓰지 않았지만 이 책은 아마도 세계에서 처음으로 '북'의 경제발전을 거꾸로 뒤집기 위한 구체적인 연구서일 것입니다. 여러 분야의 전문가를 모아서 온갖 통계를 자료로 삼아 구체적인 숫자를 가지고 제안하고 있습니다.

이것은 독일 내부 계획입니다만, 그 일부를 소개하면 2050년까지 독일의 전체 에너지 소비를 50퍼센트로 줄인다, 화석연료, 곧 석유나 석탄의 사용을 같은 2050년까지 80퍼센트 혹은 90퍼센트까지 줄인다, 즉 현재의 10퍼센트 혹은 20퍼센트밖에 쓰지 않도록 한다. 원자력발전은 2010년까지 100퍼센트 없앤다. 그 외에도 여러가지 구체적인 제안이 나와있습니다. 그런데 이 책이 독일에서 크게 베스트셀러가 됐다고 합니다. 제1장에서 다룬 유엔의 한 연구소 발표는 아마도 이것을 참조한 것이 아닐까 싶습니다.

일본에서는 어떻게 하는 게 좋을까 하면 당연히 전문가나 연구자의 연구에 따라 비로소 밝혀지리라 생각합니다만, 이 독일의 연구서에서 문제의 규모를 볼 수 있다고 생각합니다. 자세한 내용은 어떻든, 해결이 어느 정도 규모인지는 알 수 있다고 생각합니다.

이런 이야기를 들으면 많은 사람은 겁을 먹거나 화를 냅니다. 그런 경험을 자주 겪습니다. 가난해지지 않으면 안된다는 뜻인가, 이것은 새로운 금욕주의가 아니냐고 묻습니다.

그렇게 생각하는 것이 당연하다고 생각합니다. 확실히 이것이 가장 큰 문제입니다. 우리의 역사 속에는 절제의 윤리라고 할까, 절약의 윤리를 유지해온 문화의 예는 꽤 있습니다. 경제발전 이전의 문화는 거의 그런 윤리를 유지해왔다고 해도 좋습니다. 절약은 좋은 것이라는 생각을 가진 문화 말입니다. 하지만 어떤 사회가 어느 정도 풍요를 실현하고 나서 자발적으로 그 풍요를 줄인다, 그런 결정을 한다는 것은 역사상 그다지 선례가 없었습니다. 편한 생활에서 힘든 생활로 의도적으로 바꾼다는 것은 역사 속에서 찾으면 있을지 모르지만, 있었다고 해도 얼마 되지 않을 것입니다.

그 점에 대해서는 두가지 답이 있다고 생각합니다. 하나는 지금까지의 역사 속에는 지금 우리 상황까지 간 사회도 없었다, 즉 이 정도의 환경위기에 직면한 그런 사회도 선례가 없다는 것입니다. 해결에 선례가 없을 뿐만 아니라, 문제에도 선례가 없습니다.

또 한가지 대답은 과잉발전한 나라를 냉정하게 바라볼 때 주어집니다. 있는 그대로 바라보면, 그 나라들이 경제성장을 계속해왔지만 그 발전이 그 사회의 안전보장이나 참다운 의미의 풍요, 쾌락, 행복과 그다지 관계가 없었다는 것이 밝혀질 것이 틀림없습니다. 오히려 경제성장이 지나치게 진행되고 있는 나라에서 온갖 사회문제가 발생하고 있고, 그 문제들은 경제성장에 따라 개선될 수 있는 것들이 아닙니다. 무관심, 목적 상실, 우울, 폭력. 꿈이 없는 젊은이나 장래에 대한 희망이 없는 사람들이 이런 사회에는 많이 있고, 그들로부터 많은 문제가 발생하고 있습니다. 경제성장이 많이 진행된 곳일수록 그런 문제가 더욱 심각합니다. 그러므로 이 상황을 냉정하게 바라보면 경제성장을 제로로 한다, 혹은 줄인다는 것은 결국은 즐거운 일이나 신나는 일을 그만두는 게 아니라 지금 우리 모두가 걱정하고 있는 여러 사회문제에 대한 참다운 해결을 찾는다는 뜻입니다.

확실히 성장사회에는 즐길 수 있는 기계나 오락 따위가 매우 발달해 있습니다. 하지만 그런 기계나 기술에 의지하지 않고 즐거움을 느끼는 능력, 기쁘게 지낼 수 있는 능력은 오히려 사회 전체적으로, 혹은 개개인 모두 매우 뒤떨어져 있는 듯합니다. 그러므로 이 '대항발전'은 금욕주의가 아니라, 참다운 의미의 행복주의라고 감히 말하고 싶습니다. 그렇게 생각해야 한다고 생각합니다. 소비에 따른 행복주의가 아니라 참다운 뜻의 행복주의. 인간의 즐거움, 행복을 느끼는 능력, 그것을 발전시키자는 것입니다. 이것이 기본이라고 생각합니다.

일과 소비, 두가지 중독

사물을 보는 사고방식에서 우리는 과거의 경제발전에서 크게 두가지 영향을 받고 있습니다. 그 하나는 인간을 '인재(人材)'로 삼는다는 것입니다. '인재'란 말은 본래 무서운 말입니다. 미래사회에서 당신이 만약 '당신은 인재'라는 말을 들으면 모욕적인 말로 받아들여야 합니다. 나는 재료가 아니고 인간이다, 이렇게 대답할 수 있는 사람이 늘어나야 합니다. 사람이 인재가 된다는 것은 인간을 생산수단으로 삼는다는 것을 뜻합니다.

다른 하나는 소비자, 즉 사람을 소비수단으로 여기는 태도입니다.

다른 표현으로 말하면, 우리들은 두가지 중독에서 즐거움을 느끼는 방법을 배워왔습니다. 하나는 일 중독. 일에 중독이 되어 열심히 일을 하다보면 거기서 일종의 즐거움을 느낄 수 있습니다. 다른 하나는 소비 중독. 돈을 내고 물건을 살 때, 곧 돈을 지불하는 것 자체가 즐거움을 불러옵니다. 생산과 소비 어느 쪽이든 돈의 가치가 붙어있지 않으면 즐겁지 않습니다. 돈을 버는 행동도 즐겁고, 돈을 지불하는 활동도 즐겁습니다. 그러나 거기 돈이 들어가 있지 않으면 즐겁지 않습니다. 경제인간입니다. 그런 사람은 분명히 경제시스템 속에서 잘 살아갑니다. 기계로 말하면 잘 움직입니다. 경제인간은 자신의 존재 자체가 경제의 수레바퀴가 되어있습니다. 물론 그런 비판은 오래전부터 있던 것으로 새로운 것이 아닙니다만.

'대항발전'이 가진 목적의 하나는 그런 '인재'에서 보통 '인간'으로 돌아오는 것입니다. 값이 매겨져 있지 않은 즐거움, 사고 파는 일과 관계가 없는 즐거움을 되찾는 일입니다. 가게에 가서 CD를 사서 남의 노래를 듣기보다는 직접 노래하는 쪽이 더 즐겁습니다. 남의 춤을 보는 것보다는 직접 추는 쪽이 더 즐겁습니다. 또는 텔레비전 배우들의 이야기를 대리체험으로 즐기기보다는 직접 자신의 이야기를 전개시켜가는 쪽이 더 재미있습니다. 그런 식의 즐거움입니다.

가장 중요한 것은 역시 일입니다. 언젠가 돈을 받는다는 것도 아니고, 또 일의 내용으로 존경을 받는다는 것도 아닙니다. 본래 일의 즐거움, 일 자체의 즐거움을 되찾는 것이 목적입니다.

오늘날의 경제구조 속에서는 회사는 어떻든 '무엇인가'를 팔지 않으면 살아남을 수가 없게 되어있습니다. 물론 그것이 도움이 되어 사회에 중요한 공헌을 하기도 하는 일이 적지 않기는 하지만 그렇지 않은 경우도 많습니다. 있어도 좋고 없어도 좋은 물건, 오히려 세상을 나쁘게 만드는 물건(예를 들면, 발암성이 있는 식품, 환경을 오염시키는 플라스틱, 형무소와 같은 건축, 인간의 존엄을 모욕하는 잡지)을 생산하여 팔고 있는 회사도 있습니다.

회사경영이란 관점에서 생각하면, 제품은 팔 수 있으면 좋지 그 제품이 사회에 미치는 영향이 좋으냐 나쁘냐는 마음에 두지 않습니다. 고전경제학의 자유시장론에서는 세상에 나쁜 영향을 미치는 물건은 팔 수 없으리라는 낙관적인 생각을 했지만, 그것은 광고산업 이전의 이야기였습니다.

어떻게 하든지 매년 경제성장을 하지 않으면 안된다는 시스템이면 '진짜 필요한 물건'만을 생산할 수가 없습니다. 필요없는 물건을 생산하여, 그것을 광고로 어떻게든 팔아가지 않으면 성장은 계속되지 않습니다.

경제학에서 보거나 경영학에서 보거나 제품에는 교환가치가 있으면 좋고(팔리면 좋다), 사용가치(참 가치)가 있느냐 어떠냐는 관계가 없습니다. 자기 회사의 상품이 세상에 있어도 좋고 없어도 좋은 물건, 혹은 세상에 나쁜 영향을 끼치는 물건이란 걸 알면서도 아침부터 밤까지 일을 하고, 잔업까지 해야 하는 노동자의 삶은 괴롭습니다. 그런 상황 속에서는 인간의 존엄성을 유지하기가 어렵습니다. 소외감이나 무관심, 무력감, 니힐리즘에 빠지기 쉽습니다.

'대항발전'은 경제는 성장하지 않아도 좋다, 그 대신 의미없는 일 혹은 세계를 망치는 일, 돈밖에는 아무런 가치도 나오지 않는 그런 일을 조금씩 줄여가자는 것입니다. 싫은 일을 줄이고, 의미 있는 일만을 추구하는 것은 금욕주의도 뭐도 아니고, 자신을 희생하는 것도 물론 아닙니다. 오히려 자신이 바라지도 않는 일로 잔업까지 하면서 과로사 직전인데도 끊임없이 일을 하는 삶이야말로 금욕주의라 해야 하지 않을까요. 그런 일 중독은 목적이 없는 극단적인 금욕주의라고 말할 수 있습니다. 진짜로 의미가 있는 일이라면 그 일을 하는 시간이 얼마나 즐겁겠습니까. 그런 경험을 한 적이 없는 사람이 이 사회 속에는 상당히 많은데, 그와 같은 경험을 늘려가는 것도 또한 '대항발전'이 추구하는 목적의 하나입니다.

무엇이 진보인가

이런 반론이 나오리라는 것을 예상할 수 있습니다. 시대를 거꾸로 돌리는 것은 불가능하다, 과거로 돌아가는 것도 불가능하다 등등.

물론 그렇게는 할 수 없지요. 그러나 이 '대항발전'은 거꾸로 돌아간다거나 과거로 돌아가자는 것이 결코 아닙니다. 그와는 전혀 다릅니다. 지금까지 역사가 과연 '진보'였느냐 하면 사람에 따라 의견이 다양하리라고 생각합니다. 하지만 더 나아지고 싶다고 하는 소망은 인간에게 매우 중요합니다. 지금 상태를 좀더 나은 쪽으로 바꾸고 싶다, 보다 나은 사회에 살고 싶다, 보다 나은 미래를 만들고 싶다고 하는 그 기분이 매우 중요합니다. 보다 나은 미래를 만든다고 하는 믿음이 있으면 희망이 솟아나고 일에서도 보람을 느낄 수 있습니다.

오히려 지금까지처럼 단순히 경제성장만, 통계상의 수치를 올리는 일만으로 새로운 미래를 만들려는 데는 모두 질려있고, 이미 그 누구도 그런 데는 희망을 품고 있지 않습니다. 이대로 밝은 미래를 맞을 수 있다고 생각하는 사람은 별로 없다고 보아도 틀림이 없을 것입니다. 하지만 '대항발전'이 사회의 목적이 된다고 한다면 자신이 '진보'하는 사회 속에서 살고 있다는 희망이 솟아나지 않겠습니까. 물론 진보에도 여러가지가 있습니다.

"역사는 진보한다"는 사고방식은 유럽에서 17세기, 18세기부터 시작되었습니다. 그러나 무엇이 진보하느냐 하는 점에서는 사람마다 견해가 다릅니다. 인간의 윤리가 진보하는 것이냐, 도덕이 진보하는 것이냐, 인간 개개인의 능력 혹은 지식이 진보하는 것이냐, 그렇지 않으면 과학이 진보하는 것이냐?

그리고 자본주의와 경제발전 이데올로기 속에는 경제성장이야 말로 진보라는 생각이 뿌리를 내리고 있습니다. 그러므로 만약 이것을 '대항발전'의 과정으로 전환하면, 진보하는 대상이 바뀝니다. 진보에 따라 바뀌는 것은 물질이 아니라 인간입니다. 인간이나 사회나 문화가 바뀌는 것을 진보라고 보는 것입니다.

어떤 의미에서, 이것은 더하기가 아니라 빼기의 진보입니다. 우리들은 지금 온갖 물건이나 과학기술에 의지해 살아가고 있습니다. 이 기계가 없으면 이것이 불가능하다, 저 기계가 없으면 저 일을 할 수 없다(예를 들어, 전기밥솥이 없으면 밥을 지을 수 없다, 전자렌

지가 없으면 요리를 할 수 없다, 차가 없으면 물건을 사러 갈 수 없다, 노래방이 없으면 노래를 부를 수 없다 등.)는 것이 대단히 많습니다. 종속관계가 되어있습니다. 기계나 기술 없이 살아가기가 매우 어려워졌습니다.

'대항발전'이란 물건을 조금씩 줄여가며, 최소한의 것만으로도 별 탈 없이 살 수 있는 인간이 된다는 뜻입니다. 인간이 가진 능력을 발전시킨다는 뜻입니다. 더 엄밀히 말하면, 기계를 줄이고 도구를 늘립니다. 그 까닭은 도구란 인간의 능력을 대신하는 게 아니라 인간의 능력을 증대시키는 기능을 하기 때문입니다. 인간의 능력, 인간의 기량, 인간의 기술이 발전합니다. 물건을 만든다고 하는 단순한 기술의 부활입니다. 목수일이라든가 정원 손질이라든가 재봉이라든가 자기 집에서 먹는 것은 제 손으로 직접 길러 먹는다든가. 옛날에는 그런 능력이 많았는데 그것이 점점 줄어들었습니다.

그리고 사람이 문화를 창조하는 능력을 키웁니다. 텔레비전을 켜고 '문화'를 보는 게 아니라 스스로 문화를 창조한다, 앞에서 말했듯이 기계로 음악을 듣는 것이 아니라 악기를 다룬다거나 직접 춤을 춘다거나 연극을 만들거나 합니다. 물론 이것은 단순한 예에 지나지 않지만, 살아있다는 것을 즐기는 능력을 몸에 익히는 것입니다. 기계에 의지하지 않고서 그것이 가능하도록 만들자는 것입니다. 그런 삶이 '대항발전'의 중심이 되면 좋다고 생각합니다. 이런 과정을 통해 가다보면, 우리들이 지금은 상상할 수 없는 새로운 능력, 새로운 기술, 새로운 문화가 태동하게 될 것이 틀림없습니다.

"자전거보다 차가 새롭다"는 환상

여러분도 우리가 앞으로 줄여가야 할 기계의 순위 목록을 만들어보십시오. 내가 만든 목록의 제1위는 (무기나 원자력발전, 그외 해로운 것이 확실한 것들은 빼고) 자동차입니다. 지금까지 차량의 숫자를 늘린다는 것은 경제발전의 상징의 하나였습니다. 그러므로 자동차를 줄인다는 것은 '대항발전'의 상징이 될지도 모릅니다. 자동차 자체와 자동차를 움직이기 위한 도로 공사는 환경파괴의 주범입니다. 자동차는 거리의 분위기를 파괴하고, 스트레스와 신경질의 가장 큰 원인의 하나이고, 또 자동차 조립공장의 생산라인에서 일하는 것을 크게 즐거운 일이라고는 도저히 볼 수 없습니다. 그리고 자동차는 교통사고라는 이름으로 사람 죽이기를 계속하고 있습니다. 전세계로 보면 그 규모가 대량학살이라고 해도 좋을 정도입니다. 물론 현대사회는 자동차가 없으면 아무 일도 할 수 없는 사람도 많아 바로 실현할 수는 없지만, 자동차가 없는 도시(예를 들면, 베니스)를 하나의 미래 목표로 세울 수 있습니다.

몇년 전에 중국에 관해 쓴 책을 읽은 적이 있습니다. 그 책에는 자전거와 트럭이 함께 다니는 도로를 찍은 사진이 실려있고, 그 아래에 "옛 것과 새 것이 사이좋게"라는 설명이 있었습니다. 이것은 매우 흥미로운 환상입니다. 자전거는 자동차보다도 '오래된' 기술이 아닙니다. 자동차와 자전거는 모두 다 19세기 후반에 발명된 것으로, 대체로 동급생에 해당합니다. 자동차는 내연기관을 원동력으로 하고 있기 때문에 더 '과학적'이고 더 '근대적'으로 보일지 모르지만, 과연 그럴까요.

근대과학에서 중요한 기준의 하나는 능률입니다만, 지상의 여러 탈것 중에서 가장 효율이 좋은 것은 자전거입니다. 곧 한사람의 인간을 1킬로미터 움직이는 데 어느 정도의 에너지(몇칼로리)가 소비되느냐는 측정방법입니다. 자전거의 에너지원은 석유가 아니고 음식입니다. 자전거는 운동도 된다는 또하나의 장점이 있지만, 그것은 이 계산에는 들어가 있지 않습니다.

세계의 여러 정부가 엄청나게 많은 돈(세금)과 노력을 투자하여 자동차에 유리한 조건을 만들고 있습니다. 도로를 건설한다거나 교통신호기를 세운다거나 육교를 만든다거나 수많은 경찰을 채용하여 '안전운전 캠페인'을 벌인다거나 구급차와 병원을 준비한다거나 하며 엄청난 에너지를 소모하고 있습니다. 만약 자동차회사가 이것들 모두를 제 힘으로 처리하지 않으면 안된다고 한다면, 차 한대 가격은 도대체 얼마가 되어야 할까요. 그것을 생각하면 자동차산업이 어느 만큼 정부원조를 받고 있는지 잘 알 수 있습니다.

자동차문화는 '필연적인' 역사과정이 아닙니다. 자전거문화를 선택하는 것도 하나의 가능성이고, 만약 그렇게 하면 여러가지 의미에서 자동차문화보다도 훨씬 싸게 먹힐 겁니다.

24시간 일해야만 하나

2백 몇십년 전에 벤자민 프랭클린이 만든 금언(金言)이 있습니다. 금언이라고 해도 좋을지 어떨지 알 수 없지만 "시간은 금이다"라는 말입니다. 무슨 말이냐 하면, 이것은 노동윤리의 기본이지만, 인간에게 주어진 하루 24시간을 만약 생산이나 노동에 쓰면 모두 돈으로 바꿀 수 있다. 프랭클린이 말한 것은 그런 의미였습니다.

극단적으로 표현하면, 일을 하는, 곧 돈벌이를 하지 않는 시간은 모두 헛된 시간이라는 뜻이 됩니다. 미국에는 그와 비슷한 다른 금언도 있습니다. "노는 것은 죄"라는 게 그것입니다. 잔혹한 말입니다. 왜냐하면 돈을 얼마만큼 벌어야만 하느냐는 데는 한계가 없기 때문입니다. 그것이 돈의 특징으로 10만원보다는 20만원 쪽이 반드시 가치가 배가 된다 — 100만원은 반드시 열배, 1,000만원은 백배의 가치가 있습니다. 한이 없는 것입니다. 돈은 그렇게 단순 계산을 할 수 있습니다.

그런데 시간이란 것은 제한되어 있습니다. 인간이 살아있는 시간은 하루에 24시간밖에 없습니다. 돈의 논리로 생각해서, 얼마만큼 일을 해야 하느냐 하면, 거기까지 하는 게 좋다는 제동이 존재하지 않습니다. 그러므로 24시간 일을 해야 한다는 식이 되어버립니다. '리게인(regain, 회복한다)'이라는 드링크제 광고는 "당신은 24시간 일할 수 있습니까"라고, 프랭클린의 논리로 묻고 있습니다. 돈의 논리에서도 생각하면 그렇게 하는 쪽이 좋습니다. 먹지도 않고, 잠도 자지 않고, 일을 하는 쪽이 가장 좋다는 식이 됩니다. 그런데 살아있는 동물인 인간, 혹은 문화가 있는 인간의 입장에서 생각하면 일하는 시간의 길이에는 물론 한계가 있습니다. 어느 정도 일하고, 어느 정도 이웃 사람들과 사귀고, 어느 정도 아이들과 놀거나 함께 지내고, 어느 정도 자고, 어느 정도 먹는다는 적량이 있습니다. 일을 해서는 안된다는 게 아니라, 일을 하는 데도 적량이 있다는 것입니다.

본래는 기술의 진보가 인간의 노동시간을 줄이는 데 기여를 했어야 합니다. 그것이 기술의 진보가 내걸었던 약속이 아니었던가요. 19세기 초부터 하루 8시간 그리고 4시간, 이렇게 노동시간을 줄이는 꿈이 있었습니다. 몇년 전까지만 해도 노동시간이 늘어나고 있는 나라는 일본뿐이라는 말이 있었습니다. 그런데 최근 반세기 동안 미국도 점점 노동시간이 늘어나고 있습니다. 물론 그것은 일이 있는 사람으로, 그 가운데는 집 없는 떠돌이도 늘어나고 있다는 불가사의한 일이 벌어지고 있습니다.

시간은 돈이라는 프랭클린의 사고방식을 나는 '프랭클린 상대주의론'이라 부르고 있는데, 그것을 거꾸로 뒤집을 수도 있습니다. 즉 "돈은 시간이다"라고. 경제발전의 논리는 '시간은 돈'이라는 논리입니다만, 대항발전의 논리는 '돈은 시간'입니다. 풍요는 여가로 바꿀 수 있습니다.

이것은 결코 꿈과 같은 이야기가 아니라, 앞에서 본 대로 일본의 여론조사에서도 같은 생각이 나오고 있습니다. 급여를 좀 줄여도 좋다, 그보다는 나만의 시간을 더 많이 갖고 싶다는 사고방식이 이 사회 속에 있습니다. 돈을 지나치게 많이 가지고 있는 나라는 그 풍요를 자유시간으로 바꿀 수 있습니다. 물론 이것은 자유시간을 '돈으로 산다'는 의미가 아닙니다. 풍요의 기준을 돈에서 시간(여가)으로 바꾼다는 뜻입니다.

'돈은 시간'이라 할 때의 그 '시간'은 더 생산하기 위한 시간이 아니고 관리되고 있지 않은 시간, 자유시간, 자기가 진정으로 하고 싶은 일을 하는 시간을 말합니다. 인간이 '살아있는' 시간. 혹은 다르게 표현하면 돈의 교환과 무관한 시간. 돈을 벌고 있는 시간도 아니고, 물건을 사는 시간도 아닙니다. 돈과 관계가 없는 이 귀중한 시간이 현대사회 속에는 매우 부족합니다. 이 귀중한, 부족한, 소중한 보물을 조금씩 늘려가는 것도 '대항발전'의 큰 목적의 하나로 보아도 좋습니다.

우리는 전환기 바로 앞에 서있다

거듭하는 말이지만, 지금 여기서 내가 말한 것 중에 새로운 것은 거의 없습니다. 자본주의사회를 비판하는 사람들이 수백년 전부터 계속해서 말한 것이기도 하고, 그리고 현대사회 속에는 상당히 많은 사람이 그와 비슷한 이해에 이르렀습니다. 옛날 사상가가 쓴 책을 한번도 읽은 적이 없는 사람조차 사회경험에서 그 사실을 느끼고 있습니다.

하지만 세계의 환경위기가 실제로 주변에서 벌어지고 있다는 것은 모두가 인정하지만, 진지한, 근본적인 해결을 찾는다는 점에서는 아직도 많이 부족합니다. 그런 해결책을 제안하는 사람은 여전히 꿈을 꾸고 있는 비현실주의자 취급을 받고 있습니다. 기묘한 이중사고(二重思考) 상태입니다.

그러나 그 이중사고 상태에는 흥미로운 측면이 있습니다.

우리들은 지금 패러다임 전환의 바로 앞 단계에 서있습니다. 그러므로 혼란이 있습니다. 에콜로지 사상, 혹은 여기서 말씀드린 '대항발전'과 같은 사상은 사회 속에 상당히 퍼져서 '이면의 상식'이 되어있기는 하지만, 아직 '표면의 상식'이 되어있지는 않습니다. 하여튼 현재 지구는 전환 직전의 상태에 있는 게 아닌가 하고 나는 생각합니다. 이른바 대안 경제학이 상식이 되어, 주류가 되기 한발 앞 단계입니다.

그와 동시에 실제로 '대항발전'과 같은 경제학이 부분적으로 장소에 따라 이미 상식이 되어가는 곳도 있습니다. 예를 들면 유엔의 한 부서에는 상식이 되어있습니다. 혹은 이것이 상식이 되어있는 NGO도 존재합니다. 그리고 정부 내에서도 그런 사고방식이 들어가 있는 장소가 있습니다. 또한 이것을 상식으로 보는 개인도 있습니다.

바로 얼마 전의 신문을 펴봅시다. 이것은 2000년 3월 10일자 〈저팬타임스〉입니다. 농림성은 일본의 식량자급률을 2010년까지 40퍼센트로 끌어올릴 계획을 세우고 있습니다. 그 뒤 50퍼센트 목표를 세울 예정이라고 쓰여있습니다. 이것은 농업전문가 혹은 에콜로지 운동가가 이미 20년 이상 계속해서 제안해온 내용입니다. 그동안 정부는 식량을 수입하기 때문에 괜찮다는 말을 계속해왔습니다. 경제성장을 위해 다른 산업을 장려하고, 농업을 축소시키는 정책을 계속해온 것입니다.

그 정책이 변했습니다. 무엇이 현실주의냐 하는 생각이 변한 것입니다. 세계 속의 식량전략이라든가, 이 정책이 변한 뒷사정은 잘 모릅니다만, 적어도 어느 쪽의 입장이 현실에 바탕을 두고 있었느냐는 것이 이것으로 분명해졌다고 생각합니다. 식량을 마구 해외에서 수입해들인다고 하는 것은 비상식적이고 매우 위험한 발상이라는 것을 마침내 정부, 적어도 농림성에서는 알게 된 겁니다. 에콜로지 운동가가 줄곧 주장해온 것이, 이번에는 정부의 정책으로 채택된 것입니다.

그 다음날인 11일자 신문에는 이런 기사가 실려있습니다. 이것 또한 무슨 이유인지 2010년이란 해가 나옵니다만, 일본정부는 전에 2010년까지 16기에서 20기의 원자력발전소를 만들 계획을 세워놓고 있었는데, 그것을 바꾼다는 발표였습니다.

　이것도 선례가 없는 일입니다. 지금까지 원자력발전은 위험하다, 원자력발전은 그만두어야 한다는 말을 한 사람들은 좋게 말하면 어리석은 꿈을 꾸는 사람들, 나쁘게 말하면 반역죄를 범하고 있는 사람 취급을 해왔습니다. 정부는 조금도 그들의 말에 귀를 기울이려고 하지 않았습니다. 하지만 얼마 전에 사건이 터지고, 그리고 원자력발전소 건설예정 지역에 사는 사람들의 반대운동이 각지에서 자꾸 일어나자 정부는 원자력발전정책을 다시 세우기로 했다는 말을 하기 시작했습니다. 2~3년 전까지는 그런 말은 기대하기조차 불가능했는데, 역시 원자력발전은 위험하다는 것은 현실이고, 사실이었습니다. 그것이 마침내 정부에도 전해진 것입니다.

　같은 날짜의 관련기사이지만, 산업자원부에서 에너지 소비를 어떻게 줄일 것인가를 테마로 연구그룹을 만들기로 결정했다는 내용의 기사가 있습니다. 에너지 소비를 늘리는 것이 아니라 줄이기 위한 연구그룹입니다.

　오해하지 마십시오. 이런 예를 드는 것은 이것으로 괜찮다, 이제 정부에 맡겨도 좋다는 뜻이 아닙니다. 이전과 조금도 변함없이 정부와 관료, 기업 경영자, 그들을 위해 연구하고 있는 경제학자, 이른바 '현실주의자'들은 이 문제, 이 상황을 마침내 이해하고 받아들이는 최후의 인간이 되리라고 나는 생각합니다.

　아래로부터 압력이 없으면 그들이 바뀔 가능성은 어디에도 없습니다. 그러나 정부 내에 이 정도의 변화가 있다는 것은 꾸준히 반대운동을 계속한 성과라고 생각합니다. 그러므로 이런 새로운 논리에 바탕을 둔 정부의 선택이 띄엄띄엄 나온다고 해도 아직 운동을 멈춰서는 안되겠지요.

예를 들면, 이것은 2000년 3월 12일자 〈오키나와타임스〉의 기사입니다. 오키나와현이 이시가키섬의 산호가 있는 바다 곁에 공항을 만든다는 결정을 했습니다. 이것은 전형적인 개발을 위한 개발입니다. 사전에 철저히 환경조사를 하기 때문에 산호를 상하게 하는 일은 없다고 하지만, 아무도 그 말을 믿는 사람이 없습니다. 이런 일도 계속 벌어지고 있는 실정이기 때문에, 아직 안심을 해도 좋을 리가 없는 것입니다. 그래도 앞의 기사를 읽고 확인할 수 있는 것은 아래로부터의 운동을 할 의미가 있다, 계속하면 그 가운데 효과가 나타난다는 것입니다.

제5장

무력감을 느끼면 민주주의는 아니다

세계에서 민주주의라고 불리는 나라 또는 정부가 있습니다. 일본도 그중 하나이고, 영국이나 프랑스, 독일 또는 멕시코, 인도, 필리핀 등도 그렇습니다. 보통 민주주의, 또는 대의제 민주주의라고 일컬어지고 있는 제도를 갖고 있는 국가들입니다.

어째서 이러한 국가의 정부가 민주주의라고 일컬어지는가 하면 몇가지 조건을 갖추고 있기 때문입니다. 정기적으로 선거가 있고, 복수 정당이 있고, 헌법이 있습니다. 그리고 그 헌법에는 기본적 인권의 보장이 명시되어 있습니다. 형법, 민법은 문서로 공개되어 있습니다. 확실한 재판이 있고, 재판으로 판결이 나지 않으면 처벌되지 않습니다. 이러한 조건들이 갖추어져 있기 때문에 민주주의국가라고 말해지고 있는 것입니다. 이러한 것은 물론 대단히 중요합니다. 역사 속에서 인간이 오랫동안 싸워 간신히 쟁취해온 것이기 때문에 그러한 것을 경시할 수는 없습니다.

그런데 그러한 민주주의라고 불리는 나라에서 지금 많은 사람들이 무력감을 느끼고 있는 것도 사실입니다. 특히 선진공업국들에서 무력감을 느끼고 있는 사람이 더 많은 게 아닌가 합니다. 즉 사회 속의 기본적 경향에 대해서 자신이 영향을 미치는 것은 불가능하다고 느끼는 사람이 많습니다. 바꿀 수 없는 선로에 타고 있는 느낌이라든가, 장래는 어쩔 수가 없다, 지금 향하고 있는 장래가 좋은지 어떤지 알 수 없지만, 그것이 마치 운명처럼 결정되어 버린 것 같다 ― 이러한 식으로 느끼고 있는 사람이 많은 게 아닌가 생각됩니다.

예를 들면 근처에 있던 숲이 없어지든가, 예전에 놀던 모래사장이 사라지든가, 또는 굉장히 운치가 있던 인근의 어떤 곳이 없어지고 도로가 되든가, 그러한 때에는 누구라도 슬픔을 느낍니다. 아아, 옛날이 그립다고 누구든 말합니다. 그렇지만 그런 것을 중지시킬 수는 없다, 어쩔 수가 없다, 무엇인가 역사의 필연적인 과정에 의해서 이러한 슬픈 일이 일어난다고 생각하는 사람이 많은 게 아닌가 합니다.

민주주의(데모크라시)의 본래 의미는 무엇인지 생각해봅시다. 그리스어의 '데모스'는 민중 또는 인민이라는 의미, 그리고 '크라티아'는 말하자면 '힘'입니다. '크라티아'라는 말은 일본어로 번역하기 어려운 말입니다. '권력'이라고 하면 예컨대 정부의 권력처럼 위로부터 내려오는 것 같은 느낌이 들고, '힘'이라고 하면 한 개인의 것이라는 느낌이 듭니다. '크라티아'라는 것은 사람들이 모인 결과로 나오는 힘입니다. 대세를 이루는 사람들이 가지고 있는, 함께할 때의 힘인 것입니다.

즉 민주주의의 본래 의미는 민중 또는 인민에게 힘이 있다는 것입니다. 그러므로 민주주의라고 불리는 나라에 살고 있는 사람들이 무력감을 느끼고 있다는 것은 큰 모순입니다. 크라티아, 즉 민주주의의 힘이라고 하는 것은 공동생활에 관한 가장 중요한 결정이나 선택을 모두가 의논해서 한다 — 그러한 힘입니다. 모두가 결정한다, 모두가 참가한다라는 것입니다. 공동생활의 세세한 면보다 큰 틀에 대하여, 즉 어떠한 공동생활을 할 것인가에 대하여 의논하거나 결정하는 것이 정치권력의 본래 의미입니다. 민주주의의 본래 의미에서 말한다면, 그것은 인민 자신, 국민 자신이 그러한 결정을 한다 또는 적어도 참가한다, 함께 논의하고, 함께 결정한다는 것입니다. 따라서 그것이 불가능하다면, 즉 그 사회의 기본적 구조, 가장 기본적인 경향을 국민이 바꾸지 못한다면, 그것은 민주주의가 아닙니다. 국민이 마땅히 결정해야 할 것을 어디선가 다른 곳에서 결정한다면, 그러한 정치형태를 어떻게 민주주의라고 일컬을 수 있겠는가라는 것입니다.

가장 민주주의적인 선거는 제비뽑기

국가에는 세개의 신체가 있습니다. 하나는 정치적인 신체, 다른 하나는 군사적인 신체 그리고 또하나는 경제적인 신체입니다. 민주주의라고 일컬어지는 나라에서도, 그렇게 말할 수 있는 것은 정치적인 신체뿐이며, 군사적인 신체와 경제적인 신체는 명백히 비민주적, 반민주적입니다. 그 세개의 신체에 대해서 차례로 말해보고 싶습니다.

민주주의의 본래 의미는 지금 말한 바와 같이, 인민이 권력을 갖고 있다는 것이었습니다. 말 그 자체가 그런 의미인 것입니다.

그런데 정치학 교과서, 또는 민주주의는 무엇인가라는 데 관해서 쓰여진 보통의 교과서를 펴보면, 반드시 서론이나 제1장에 이러한 대목이 있습니다.

예전에 고대 그리스에는 직접민주주의가 있었다. 그러나 근대, 현대사회에서는 그것은 적합하지 않다, 불가능하다, 이상. 이러한 간단한 내용이 서술되어 있습니다. 어째서 직접민주주의가 지금은 불가능하다고 하느냐 하면 지금의 국가는 크고 복잡하다든지, 지금의 경제시스템은 이해하기 어렵다든지 하는 여러가지 이유가 있지만, 어떻든 직접민주주의는 논외라는 것으로 적혀있습니다. 그리고 우리가 보통 민주주의라고 부르고 있는 것은 대의민주주의라고 되어있습니다. 그런 식으로 시작하는 민주주의에 관한 책이 많습니다. 그렇다 하더라도 지나치게 빠른 결론입니다. 민주주의에 대해 공부하려고 하는데, 민주주의는 불가능하니까 다른 것을 공부하라고 하는 셈입니다. 정말 불가사의하다고 할까, 의외라는 느낌을 줍니다.

언제부터 대의제를 민주주의라고 일컫게 되었는지 모르지만, 아리스토텔레스가 말한 바와 같이, 고대 그리스에서는 선거에서 대표를 뽑는 것은 민주주의가 아니었습니다. 선거는 귀족제라고 아리스토텔레스는 말하고 있습니다. 왜냐하면 선거를 하면 가장 유명한 사람, 가장 돈이 많은 사람, 가장 사회에서 눈에 뜨이는 사람이 뽑히게 되므로, 그것은 귀족이라는 것입니다.

민주주의에서 만약 대표를 뽑는다고 한다면, 즉 민주적으로 대표를 뽑는다면, 그것은 제비뽑기라야 합니다. 실제로 고대 그리스에서는 제비로 뽑았습니다. 그렇게 하면 눈에 뜨이는 사람, 돈이 많은 사람, 유명한 사람이 선출되는 게 아니라 시민이라면 누구라도 선출될 가능성이 있습니다. 어째서 그것이 민주적인가. 몇가지 측면이 있지만, 하나는 시민이라면 전원이 대표가 될지도 모른다는 마음의 준비를 하고 있지 않으면 안되고, 그래서 누구라도 시민이라면 대표를 맡아야 하기 때문에 그것만으로도 공동체에 대한 책임감이 늘 있어야 한다는 전제가 있습니다. 언제든 자기 차례가 될지 모르니까 마음의 준비가 필요한 것입니다.

또하나, 그런 식으로 제비뽑기로 뽑힌 사람은 뽑혔다는 것에 대하여 뻐길 이유가 없습니다. 선택되었기 때문에 자기가 잘난 사람이라는 게 아니라, 나도 그런대로 괜찮은 사람인가 하고 겸손한 마음을 갖게 되는 것입니다. 따라서 정치가의 타락 가능성이 줄어듭니다. 그리고 임기가 끝나면 곧바로 제비뽑기로 결정되기 때문에 같은 사람이 계속해서 뽑히는 일은 있을 수 없습니다. 그러므로 한사람이 장기적으로 권력을 쥐어 점차 타락해갈 가능성도 작습니다. 그리하여 그리스에서는 옛날에 대표를 선출할 때는 제비뽑기로 뽑거나 시민이 직접 정치의 선택에 참가하는 것이 민주주의라고 생각했습니다. 민주주의는 오랫동안 그러한 것을 의미해왔습니다. 그리스의 전통이 이어져왔던 것입니다.

언제 선거제가 민주주의라고 일컬어지게 되었는가

근현대의 민주주의국가의 모범이라고 생각되고 있는 나라는 미합중국입니다. 큰 나라로서 가장 처음으로 문서로 된 헌법이 있고, 대의제가 있으며, 많은 나라가 미국 헌법을 모범으로 하여 자기 나라의 헌법을 만들고 있습니다.

현재의 미국 헌법은 독립혁명 때에 성립한 것이 아닙니다. 독립선언을 공표하고 영국으로부터 독립을 하려고 한 정부의 헌법은 '연합규약'(1781년)이라고 불렀던, 식민지로부터 독립한 13개 주권국가 간의 국제기관을 설치하려고 한 국제조약 같은 것이었습니다. 지금의 유엔이나 유럽연합과 비교할 수 있는 것입니다. 13개의 국가 중에는 꽤 민주적인 제도를 가지고 있는 것도 있었습니다. 지금의 미합중국 헌법의 초안이 가능했던 것은 그 연합규약제도에 대한 반동의 결과였습니다. 1787년에 연합규약의 개정안을 검토하기 위한 위원회가 구성되었지만(오늘날 일본의 헌법조사회 같은 것일지 모르겠습니다만), 위원들은 투표로 뽑힌 말하자면 엘리트들이었습니다.

위원회는 권한을 훨씬 초월해서 곧바로 새로운 헌법의 초안을 작성했습니다. 그것은 13개 연합국으로부터 주권을 뺏고, 강력한 중앙정부를 설립한다는 내용이었습니다. 헌법제정회의(이 위원회는 나중에 이렇게 불렸습니다)의 논의 속에서 찬성파와 반대파를 막론하고 이 초안을 '민주주의'라고 부르는 사람은 아무도 없었습니다.

초안 공개 후 초안 작성의 중심인물이었던 A. 해밀턴, J. 매디슨, J. 제이 등 세사람이 그것을 설명, 변호하기 위한 논문을 신문에 게재하였는데, 그것이 나중에 《페더럴리스트(연방주의자)》라는 이름의 책이 되었습니다. 그 속에서 이 헌법은 민주주의가 아니라 공화제라고 설명되어 있습니다. 즉 이 제도는 유럽의 것과 같은 국왕제도, 귀족제도 아니지만, 과반수의 민중이 권력을 장악하지 못하도록 세밀히 배려하고 있기 때문에(선거에서 엘리트밖에 선출되지 않도록 되어있다는 따위) 안심하라는 것이었습니다.

당시의 민주주의자는 이것이 막 싹이 트고 있던 민주주의를 짓밟아버리는 것임을 간취하고 반대운동(반연방주의운동, 1788-89년)을 일으켰지만, 엘리트 세력에 이길 수 없었습니다. 하여간 지금의 미국 헌법을 기초한 사람들은 민주주의국가를 건설할 의도는 없었습니다. 이것은 세계적으로 잘 알려져 있지 않고, 미국 내에서도 들으면 놀랄 사람들이 적지 않습니다.

헌법을 만드는 데 참여한 사람들은 대개 인텔리로서 교육을 받은 사람들이었습니다. 인텔리들이 문서를 많이 작성하고 근사한 정치사상을 내놓았습니다. 반대파 쪽은 농민을 비롯하여 그다지 교육을 받지 못한 사람들이 많고, 사고방식도 단순하였습니다. 헌법 반대파가 말한 것은 "지금과 같은 쪽이 민주적이다"라는 것이었습니다.

그들이 말한 것의 하나는, 이 헌법에 따라 가능한 국가는 지나치게 커지고, 권력은 지나치게 멀어진다는 것이었습니다. 지금은 집에서 주도(州都)까지 걸어서 갈 수 있다, 불평거리가 있으면 정부 소재지까지 말을 타고 갈 수도 있다, 그러나 큰 나라가 되면 너무 먼 수도까지 걸어서 가는 것은 불가능하게 된다. 지금의 정부 형태에서는 주 의원들은 가까이 살고 있다. 그래서 불평거리가 있으면 의원 중 어느 집으로 가서 현관을 두드려 직접 만나는 게 가능하지만, 정부가 커지면 그것도 불가능해진다. 권력의 중앙집권화는 좋지 않다. 지금은 바로 가까이 있어서 여기에 권력이 있지만, 권력이 모두 중앙으로 옮겨 가면 이것은 민주주의가 아니다, 라는 것이었습니다.

그러면 이제부터 대통령이라는 존재는 선거에서 선출되더라도 결국 선거에서 뽑힌 국왕인 셈이다 — 그렇게 말하는 사람도 있었습니다. 모처럼 오랜 독립전쟁 끝에 영국으로부터 독립해서 국왕제를 벗어난 참에, 이 헌법은 또다시 새로이 선거를 통해 뽑힌 국왕을 만들려고 하고 있다, 따라서 이것은 나쁘다는 것이었습니다. 그리고 또하나 이 시대의 사고방식이었지만, 평시에, 즉 전쟁을 하고 있지 않을 때에 군대를 유지하고 있는 것은 민주주의에 대한 위협이라고 말하는 사람도 있었습니다.

여하튼 이 헌법은 미합중국의 헌법이 되었습니다. 헌법 채택 여부를 묻는 투표에서, 당시의 사고방식으로는 '민주주의파'가 패배하였습니다. '민주주의'는 그 당시에도, 그 후 수십년 동안에도 반대파의 이데올로기였습니다. 20세기 후반의 민주국가 속의 사회주의와 마찬가지로 민주주의는 반대파의 사상이었습니다.

1830년대에 이것이 변하기 시작하였습니다. 그 무렵부터 미합중국 전체를 민주국가로 부르기 시작한 것입니다. 제도가 변한 것도 아니고, 헌법이 변한 것도 아니라, 민주주의에 대한 정의가 변한 것입니다. 대의제는 민주주의라고 하는 언어습관이 시작된 것은 이 무렵입니다. 동시에 민주주의의 이념은 반대파의 이념에서 국가 이데올로기로 변하였습니다.

정부가 변한 것은 없었다 하더라도 작은 변화는 있었습니다. 사유재산에 따른 선거권 제한이 없어진 것이 이 시대입니다. 그때까지 헌법에서는 참정권이 제한되어 있었습니다. 일정한 사유재산 이상을 가지고 있지 않으면 선거에 참가할 수 없었지만, 그러한 제한이 없어져서 백인 성인 남자라면 누구든 선거에 참가할 수 있게 되었습니다.

이 선거권 확대에도 또한 재미있는 역사가 있습니다. 근대에 이르러 처음 민주주의가 논의된 것은 17세기 영국혁명 시대였다고 생각됩니다. 영국혁명 때의 '수평파'라는 평등주의자 그룹 가운데서 민주주의라는 말과 평등이 열렬하게 논의되었던 것입니다. 수평파라는 이름은 사회의 평등을 추구하는 사람들이라는 의미이지만, 그 수평파 속에서도 어디까지 국민에게 선거권을 주어야 할지에 대한 토론이 있었습니다. 당시의 사유재산은 기본적으로 토지였기 때문에, 사유재산을 갖고 있지 않은, 즉 토지를 갖고 있지 않은 사람에게도 참정권을 주어야 할지 어떨지가 큰 토론거리가 되었습니다. 수평파 속에서도 매우 격심한 반대의견이 있었던 것입니다.

어떠한 의견인가 하면, 만약 토지를 갖고 있지 않은 사람들에게 선거권을 준다면 그들은 압도적 과반수가 되기 때문에 당연히 정치권력을 통해서 사유재산을 평등화하려고 할 것이다. 즉 우리의 토지를 빼앗고 말 것이라는 공포가 있었던 것입니다. 수평파 사람들의 평등관도 거기까지는 미치지 못했던 것이지요. 선거권을 주어서는 안된다는 의견 쪽이 강했습니다. 수평파가 되풀이하여 주장했던 평등도, 여전히 지주(地主)들 사이의 평등에 지나지 않은 것이었던 셈입니다.

그때부터 2세기를 경과한 19세기 전반에 이르러 지주나 사유재산이 있는 사람에게만 주어졌던 참정권 제한이 없어지기 시작하였습니다. 물론 각 나라에 따라 언제부터인지는 조금씩 달랐지만, 미국에서 남자만의 보통선거가 행해지게 된 것은 이 시대였습니다.

그렇지만 어떻게 해서 그것이 가능해졌던가. 그것은 이 200년 동안의 교육의 결과로서, 이제는 토지를 소유하지 않은 사람들이 정치권력을 가져도 재산의 평등화를 시도하지는 않을 것이라는 자신이 붙었기 때문입니다.

즉 평등이라는 정의(定義)를 고치는 데도 성공한 것입니다. 평등이라는 것은 단순히 결과로서의 평등이 아니라 기회의 평등이라고 고쳐진 것이지요. 기회의 평등이야말로 진정한 평등이라고 하는 교육이 그 시대에 이르러 미국 속에서 거의 정착한 것입니다. 정치권력으로 평등을 실현할 수 있는 가능성이, 내가 노력하면 나도 지주가 될지도 모른다는 각 개인의 희망으로 바뀌었습니다. 그래서 자신이 지주가 되지 않더라도 지주를 지키는 제도는 계속되기를 바라게 된 것입니다. 왜냐하면 언젠가 자신이 지주가 될지 모르기 때문입니다. 그러한 경쟁사회의 기본적인 원리가 정착한 시대였습니다.

하여튼 처음에는 민주주의라고 아무도 말하지 않았던 정치형태가, 점차로 민주주의에 대한 사고방식이 변하고 평등에 대한 사고방식이 변함에 따라, 어느새 민주주의라고 일컬어지게 되었습니다.

지금은 앞에서 말한 바와 같이, 교과서를 펴보면 대의제가 있고, 언론의 자유가 있고, 헌법이 있다는 등 몇가지 조건이 갖추어져 있으면 그것은 민주주의라고 하는 것으로 되어있습니다. 인민이 실제로 권력을 가지고 있는가 아닌가 하는 것은 그 정의에는 들어있지 않습니다.

군대가 있는 한 민주주의국가라고 불러서는 안된다

지금까지 설명해온 것은 국가의 첫번째 신체, 그것이 민주주의라고 말할 수 있는 정치적 신체입니다.

또하나, 국가에는 군사적인 신체가 있습니다. 군사적인 조직이 존재하는 것입니다.

군사행동이 민주적이지 않다는 것은 명백한 것으로 생각됩니다. 군사행동이라는 것은 폭력을 행사해서 상대방을 자신의 의사에 따르도록 강제하는 것입니다. 내 의사에 따르지 않으면 너를 죽이겠다는 것이 군사행동의 기본인 까닭에, 그것은 당연히 민주적인 것이 될 수 없습니다.

그것만이 아닙니다. 물론 적에 대해서 민주적이지 않다는 것은 당연하지만, 군사조직 자체가 반민주적인 것입니다. 군사조직은 기본적으로, 정치용어로 말하면, 독재입니다. 사령관이 있고, 그리고 사령관 밑에 권력의 위계구조가 있어서 명령은 위로부터 아래로 내려갑니다. 정보는 아래로부터 위로 전해지더라도 명령은 전부 위로부터 아래로 내려갑니다. 그리고 폭력을 사용하여 병사들의 충성을 확인합니다. 명령에 따르지 않는 병사는 즉각 체포됩니다. 상관에 대해서 모욕적인 말을 하는 것만으로, 예컨대 상관에게 '바보자식'이라고 했다는 것만으로 당연히 체포됩니다.

전시에는, 예컨대 전선으로부터 도주하면 기본적으로 사형입니다. 전쟁이 벌어지면 죽을 가능성이 높습니다. 따라서 도망하더라도 죽지 않는다고 한다면 인간은 여간해서 전쟁을 계속하려고 하지 않습니다. 도주하는 사람에 대해서 재판을 하고, 사형 판결을 내리는 경우도 있지만, 엄혹한 전쟁의 상황에서는 훨씬더 가혹합니다. 예를 들어 제1차 세계대전 때의 이야기로 흔히 들어온 것이지만, 전선에서 10미터쯤 뒤에 장교가 서서 총을 가지고 대기하고 있습니다. 전선에서 이탈, 도주하는 자기 나라 병사들을 사살하기 위해서입니다. 자신의 뒤에 이러한 인간이 있다는 것을 알기 때문에 병사들은 도주하지 못합니다. 그렇게 하지 않으면 인간은 여간해서 전쟁을 계속할 수 없는 것입니다.

그뿐 아니라, 군대조직의 또하나의 특징은 각 병사, 개인의 일상생활의 세밀한 곳까지 철저하게 관리한다는 것입니다. 아침부터 밤까지 24시간 동안의 일정이 있습니다. 저녁이 되어 자유시간을 주는 경우도 있지만, 경우에 따라 24시간 전부 관리되기도 합니다. 그리고 자신의 서랍 속을 정리하는 일이라든가, 복장관리라든가, 모든 게 관리됩니다. 전부 규칙이 있는 것입니다. 그것을 깨트리면 처벌됩니다. 따라서 이것은 전체주의 조직인 것입니다. 사상으로부터 일상생활, 아침부터 밤까지의 모든 스케줄, 전부가 규칙을 따르지 않으면 안됩니다. 그리고 이 모든 것은 폭력에 의해서 관리됩니다.

이러한 군사조직 모델은 다분히 고대 로마로부터 전해진 것이라고 생각됩니다. 물론 그 이전에도, 그 이외에도 군대조직은 있었지만, 로마공화국 그리고 로마제국은 극히 합리적인 조직을 완성시켰고, 그 결과 수십년 동안에 지중해 주변 나라들을 모두 정복할 수 있었습니다. 대제국이 가능했던 이유는 그 조직력에 있었습니다. 그것이 고대 로마의 비밀이었고, 그 이후 유럽의 군대조직은 늘 그것을 모방해왔습니다. 유럽이 그토록 간단히 많은 나라를 식민지로 만들 수 있었던 비밀도 거기에 있었다고 생각됩니다. 무기보다도 중요한 것은 조직력이었습니다. 완전관리의 조직은 굉장히 강한 조직이 된 것입니다.

민주주의라고 일컬어지는 국가는 앞서 말한 정치적 신체 이외에 이 군사적 신체도 갖고 있습니다. 그 가운데서 일본은 종전(終戰) 이후 최근에 이르기까지 그 군사적 신체가 가장 약한 나라였다고 생각됩니다. 그러나 건강한 젊은 남자라면 누구든 적어도 2년이나 3년간 군대에 들어가 훈련을 받지 않으면 안되는 나라가 많습니다.

그것은 정부의 일부분입니다. 정부가 이것을 관리하고 있습니다. 이것은 국가의 군대입니다. 따라서 민주주의라고 일컬어지는 나라 가운데도 말하자면 상대적으로 자유로운 영역과 전체주의적인 영역이 있습니다. 국가 자체가 상대적으로 자유로운 조직과 전체주의적, 독재적인 조직 사이에서 흔들리고 있는 데가 있는 것입니다. 예를 들어, 정부는 경우에 따라 계엄령을 선포합니다. 계엄령이라는 것은 기본적으로 군대조직의 논리, 군대조직의 지배방식을 사회 전체에 적용하는 것을 목표로 합니다. 물론 노인이나 여성, 아이들을 간단히 병사로 만드는 것은 불가능한 일이지만, 계엄령은 그 국가의 군사조직으로서의 신체를 사회 전체로 확대하려고 하는 것입니다. 민주주의라고 하면서도 그러한 반민주적인 조직, 민주주의 사상과 모순되는 큰 조직을 각 국가는 갖고 있습니다.

일본의 전후 이데올로기에서는 평화와 민주주의가 거의 같은 것이지만, 유럽이나 미국에서는 평화와 민주주의가 상호관계가 있는 것으로 별로 느껴지지 않고 있습니다. 민주주의는 바로 평화라는 사고방식은 유럽에서는 그만큼 정착하지 않고 있습니다. 거꾸로 민주주의국가는 국민들이 지지하고 있기 때문에 귀족적인 제도보다도 전쟁에 강하다는 사고방식까지 존재합니다.

그러나 지금 말한 문맥 속에서 생각하면, 일본의 전후사상 쪽이 올바른 것이 아닌가 생각됩니다. 즉 군대조직이 없어지지 않는 한, 국가가 진정한 의미에서 민주주의적이라고 말하기는 어려운 것입니다. 전쟁이 일어나면 군대조직이 강해져서 일반사회에 대한 영향도 강해집니다. 즉 일상생활이 군사화합니다. 따라서 전쟁의 가능성, 그리고 군대조직의 존재는 언제나 민주주의 사상과 민주주의 정신의 발목을 잡아끄는 것이 됩니다.

여가가 없으면 민주주의는 성립되지 않는다

정치, 군사에 이어 국가의 세번째의 신체는 경제입니다. 경제의 신체, 경제조직에도 반민주주의적인 측면이 있다고 생각됩니다.

이에 대해서는 몇가지 말할 것이 있지만, 우선 그 하나는 경제활동의 중심이 되어있는 주식회사 조직입니다. 정부의 관료제도도 그러하지만, 회사의 조직이라는 것은 기본적으로 군대조직을 모방한 것입니다. 관료조직이든 회사의 조직이든 군대조직의 기본적인 논리를 사용하고 있으며, 군대조직과 매우 닮았습니다. 피라미드 조직으로서의 위계구조가 있고, 그 가장 꼭대기에 결정권을 가진 사람이 있어서 명령은 위에서 아래로 내려갑니다. 아래에 있는 사람은 윗사람에 대해서 존경을 담은 말을 사용하지 않으면 안되고, 윗사람은 아랫사람에 대해서 명령을 하는 권리를 가지고 있습니다.

군대조직의 또하나의 특징은 계급성입니다. 이것은 로마사회 또는 유럽 중세사회로부터 생겨난 것이지만, 상부조직과 하부조직으로 나누어져 있습니다. 간단히 말하면, 취직의 입구가 두개인 셈입니다. 장교가 되든가 또는 하사관이 되든가, 하는 두개의 입구입니다. 본래 장교는 귀족이고, 하사관은 평민이었습니다. 유럽 사회에 그러한 계급제도가 있었기 때문에 그것이 그대로 군대조직에 적용되었습니다.

그와 마찬가지로, 회사에도 화이트칼라와 블루칼라가 있습니다. 여전히 입구가 두개입니다. 화이트칼라의 맨 아래가 블루칼라의 맨 꼭대기보다도 위에 있습니다. 지금은 귀족제가 아니기 때문에 그러한 서열구조는 기본적으로 대졸/고졸이라는 차이에 의해 결정되고 있습니다. 그런 점에서 군대와 흡사합니다.

그리고 회사조직은 군대와 마찬가지로 노동자의, 적어도 근무시간을 철저히 관리합니다. 자신이 일하는 방식을 스스로 결정하도록 허용하는 회사도 있는지 모르지만, 기본적으로는 위로부터의 관리가 원칙입니다.

군대와 달리 회사는 싫어지면 그만둘 수 있습니다. 따라서 회사쪽이 자유롭다고 말해집니다. 회사에 취직하는 것은 자유로운 선택이라고 말합니다. 하지만 지금의 사회상황에서는 회사를 그만두면 어떻게 됩니까. 어딘가 다른 회사에 취직하지 않으면 살아갈 길이 거의 없습니다. 따라서 그만두면 될 게 아닌가 하지만, 그것은 그렇게 자유로운 일이 아닙니다.

회사도 군대와 마찬가지로 적어도 근무시간에 대해서는 민주주의의 논리, 자유의 논리, 평등의 논리가 해당되지 않습니다. 근무시간 동안에는 모두 비민주적인 생활을 보내고 있는 셈입니다.

또하나의 측면에 눈을 돌려봅시다. 다시 한번 고대 그리스의 민주주의 모범으로부터 생각을 해봅시다. 이것도 아리스토텔레스의 말이지만, 민주주의의 필요조건은 사회에 여가, 자유시간이 있어야 한다는 것입니다. 여가가 없으면 민주주의가 성립하지 않습니다.

사람들이 모여 의논을 하고, 합의를 하고, 정치에 참가하는 데에는 시간이 걸립니다. 그러한 틈이 없으면 정치는 불가능합니다. 여가에 사람은 정치 외에도 문화를 만들고, 예술을 만들고, 철학을 한다고 아리스토텔레스는 말했습니다. 정치적으로 말하면, 그러한 근무시간 이외의 시간이 있어야 비로소 사람들이 모여서 자유로운 공공영역을 만드는 것이 가능하다 — 그러한 사고방식인 것입니다.

이 자유로운 공공영역을 그리스어로는 '아고라'라고 부릅니다. 우리는 어떻게 살아야 하는가, 어떠한 생활을 해야 하는가, 어떠한 선택을 해야 하는가, 어떠한 정치형태를 계속할 것인가, 그러한 문제들이 거기서 논의되었습니다.

따라서 노예제가 필요하다고 아리스토텔레스의 글에는 적혀있습니다. 이런 생각에서 노예제를 옹호하고 있는 것입니다. 즉 사회구성원 전원에게 여가는 주어지지 않는다, 노예계급이 있어서 비로소 여가가 있는 시민계급이 있을 수 있다는 논리입니다. 노예에게는 여가가 없기 때문에 정치참여는 불가능합니다. 그 희생 위에서 여가를 가진 사람들의 존재가 가능하고, 그들이 자유를 맛보는 것이 가능하다는 것입니다.

우리는 물론 이런 논리를 비판합니다. 근대적인 사고방식에 따라 노예제는 허용될 수 없는 것이라고 말입니다. 대학에서 아리스토텔레스를 가르치면 모두가 분노합니다. 아니, 노예제 옹호가 아닌가, 그것은 엉터리 민주주의다, 하며 심히 엄격히 비판합니다. 물론 올바른 비판입니다. 그러나 노예란 여가가 없는 사람을 뜻한다는 것을 생각하면, 우리의 사회는 어떠한가, 하고 물어보게 됩니다. 근무시간 이외에 거의 틈이 없는 상태가 일상이 되어있다면, 우리는 대부분 아리스토텔레스가 말하는 노예의 범주에 들어가는 게 아닌가 하는 것입니다.

우리의 정치에 대한 참여도에 대해서 말하면, 보통 연간 1회 또는 몇년 만에 한차례 정도 선거를 위해서 투표를 합니다. 그리고 노력을 해서 때때로 심포지움에 참가하거나 집회에 참가하든가, 아주 능동적인 사람들이라면 데모에 참가하기도 합니다. 그렇지만 아무리 활동적인 조직일지라도 데모는 반드시 일요일에 합니다.

나는 도쿄에서 여러차례 일요일의 데모에 참가한 적이 있습니다. 미국대사관 앞에서 무엇인가를 반대하고, 혹은 국회의사당 앞에서 무엇인가를 반대하는 구호를 외쳐도 일요일의 의사당과 대사관 안에는 아무도 없습니다. 텅 빈 건물 앞에서 무엇인가에 관해 외쳐댈 뿐입니다.

물론 예를 들어, 수요일에는 건물 안에 사람들이 있으니까 수요일 오후에 데모를 하려고 한다 하더라도, 이번에는 활동가들이 오지 않습니다. 왜냐하면 각자 일이 있기 때문입니다. 평일에는 시간이 없습니다. 우리는 그러면서도 자신이 자유롭다고 생각하고 있습니다.

민주주의에는 결국 여가가 필수적입니다. 구체적인 민주주의, 즉 사람이 정말로 정치적 토의, 정치의 선택에 참가하고, 정치권력 그것을 담당하려고 한다면, 드문드문 일요일에나 하는 활동이나 의논 정도로는 부족합니다. 그러한 의미에서 국가의 경제적인 신체는 민주주의의 발목을 잡아끄는 것입니다.

누구도 이처럼 노동하지 않았다

이에 대한 반론은 이러한 경제와 노동의 제도는 모두가 스스로 원해서 선택한 것이라는 것입니다. 징병된 게 아니라 스스로 기뻐하며 적극적으로 선택한 것이 아닌가, 그러한 신화가 있습니다. 그러면 나는 언제 어디서든, 누가 이러한 노동방식을 선택하였는가라고 묻습니다.

유럽의 경우, 산업화의 가장 최초 단계에서 노동자는 어디서 왔느냐 하면, 그것은 엔클로저운동으로부터 온 것입니다. 즉 농경지를 빼앗겨 길거리로 내몰린, 다른 일거리를 갖지 못한 계층에서 최초의 프롤레타리아가 태어났습니다. 대단히 폭력적인 과정이었습니다. 여러 세대에 걸쳐 토지에 거주하면서 밭을 경작해왔던 사람들을 내쫓아버리고, 거기에 전통적인 농업 대신에 양을 기릅니다. 내쫓긴 사람들이 집을 잃고 거리를 방황하게 되었습니다. 특히 먹을 방도가 없었기 때문에 그들은 하는 수 없이 공장에서 일하기 시작한 것입니다.

산업화라는 역사의 매 단계에서 노동자는 저항하였습니다. 18세기 후반에서부터 19세기 전반에 이르는 동안 영국에서 공장에 기계가 도입되었고, 그 기계를 파괴하는 러다이트운동이 시작되었습니다. 역직기(力織機)가 수동식 직기 대신에 사용되기 시작했기 때문입니다. 그때까지의 수직기는 노동자의 가정에 있었고, 노동자는 공장에서 상사의 명령에 따라 일하는 게 아니라 스스로 결정한 속도로 일할 수 있었습니다. 그들은 직물(織物) 기술을 가지고 있어서 간단히 해고하거나 할 수 없는 존재였습니다.

그런데 역직기는 자본가의 사유재산으로, 공장에 설치되어 있습니다. 직공이 계속해서 일하고자 하면 자본가가 있는 곳으로 가서 고용되지 않으면 안되게 되었습니다. 그리고 자본가의 관리하에서 결정된, 또는 역직기의 엔진 자체가 결정하는 속도에 따라 일하지 않으면 안되게 되었습니다. 직공의 처지에서 보면, 역직기는 자신의 기술과 자립, 자유를 박탈하는 기계입니다. 따라서 자신의 생활을 지키기 위해서 기계를 쇠망치로 때려부술 도리밖에 없다고 생각했던 것이지요.

프랑스어에 '사보타지'라는 말이 있습니다. 오늘날 일본어의 '사보루'라는 말의 기원이 되는 말이기도 하지만, 그 말은 원래 프랑스어 '사보(sabot : 나막신)'에서 온 말입니다. 기계의 톱니바퀴 속으로 나막신을 던지면 기계가 망가집니다. 여기에서 사보타지라는 말이 나온 것입니다. 프랑스에서도 기계를 파괴한 사람들이 있었다는 이야기지요.

유럽에서는 오랜 세월 동안, 임금노동은 모욕으로 받아들여졌습니다. 자신이 하고 싶어서 하는 일이 아니라 오직 돈을 벌기 위해 하는 노동이란 심히 모욕적인 것이라는 가치관이 형성되어왔습니다. '임금노예'라는 말은 20세기 전반까지 남아있었습니다. 지금은 거의 없어졌습니다. 지금은 모든 사람이 임금으로 살고 있기 때문에 그러한 말은 잘 사용되지 않게 되었습니다. 하지만 임금을 벌기 위해서만 하는 노동이라는 것은 노예제와 별다를 게 없다는 가치관이 유럽에는 확실히 존재하고 있습니다. 그러므로 유럽에서는 노동자가 기꺼이 자발적으로 고용제를 선택했다는 것은 역사적인 사실이 아닙니다.

그러면 유럽 이외의 곳은 어떠한가. 유럽이 식민지를 만드는 최초의 단계에서 거의 반드시 강제노동을 사용하지 않을 수 없었다는 것은 제3장에서 말했기 때문에 되풀이할 필요가 없을 것입니다. 다만, 여기에 매우 상징적인 이야기가 있습니다.

콜럼버스가 '신세계'에 도착했을 때, 그것은 아메리카대륙이 아니라 카리브해 섬이었습니다. 가장 처음 본 섬을 그는 '이스파니오라'라고 불렀는데, 지금 그 섬은 그 이름으로 불리고 있습니다. 이 섬은 현재 도미니카공화국과 아이티 두 나라로 나뉘어져 있습니다.

이 섬에는 '타이노'라는 원주민이 살고 있었습니다. 콜럼버스와 함께 왔던 당시의 사람의 기록에 의하면, 처음에 거기에 도착했을 때 콜럼버스와 그 일행은 어쩌면 에덴동산으로 돌아온 게 아닌가 하는 인상을 받았다고 합니다. 그토록 자연이 아름답고 또 거기 살고 있는 사람들은 마치 성서 속의 낙원, 에덴에 묘사되어 있는 것과 같은 생활을 하고 있었습니다.

무엇보다 그들은 물건을 별로 지니고 있지 않았습니다. 더위 때문에 옷도 별로 입고 있지 않고, 거의 벌거벗은 상태에 가까웠습니다. 그리고 그들은 농경을 하고 있었지만, 그것은 매우 뛰어난 농법이었습니다. 여러가지 종류의 작물을 동시에 함께 심습니다. 그렇게 하면 관리를 하거나 손댈 필요가 거의 없습니다. 따라서 밭에서는 일주일 중 몇시간밖에 일하지 않습니다. 물고기가 먹고 싶으면 바다로 들어가면 곧장 얻을 수 있고, 그것도 별로 시간이 걸리지 않습니다.

그러면 무엇을 하면서 지내느냐 하면, 무엇보다 음악이 중요하였습니다. 노래를 하거나 춤을 추는 시간, 악기를 가지고 음악을 연주하는 시간이 대단히 많았습니다. 혹은 이야기꾼이 모두에게 이야기를 하는 시간. 혹은 장식물을 만드는 시간. 그들은 대단히 솜씨가 뛰어나서 머리장식이라든가, 목걸이라든가, 귀걸이라든가, 다양한 것을 만들고 있었습니다. 즉 예술활동인 것입니다. 그리고 유럽인들에게 굉장히 충격적인 것은 그들의 성행위였습니다. 연인이 한몸이 되어서 이러저러한 온갖 행위를 하면서도 그것을 별로 숨기지도 않는 것이었습니다. 그 시간도 꽤 많았습니다.

콜럼버스 일행은 그들을 노동자로 부려먹고 싶었지만, 그러한 생활을 하고 있는 사람들이 돈 때문에 장시간 노동을 할 리는 없습니다. 타이노족 사람이 본다면, 아침부터 저녁까지 8시간이나 10시간 동안 노동한다는 것은 생각할 수 없고, 상상도 할 수 없는 것입니다.

콜럼버스는 이사벨라 여왕에게서 돈을 받아 아메리카로 왔기 때문에, 무엇보다 그것이 좋은 투자라는 것을 여왕에게 증명하지 않으면 안됩니다. 따라서 스페인으로 돌아갈 때는 금과 은으로 된 장식물을 가지고 가면서, 거기다가 타이노족 원주민 두명을 데리고 갈 참입니다. 그리고 이사벨라 여왕에게 '신세계'에는 풍부한 '부'가 존재한다고 말합니다. 금이 있고, 은이 있고 그리고 노예도 있다고 말입니다.

실제로 콜럼버스는 여기에서 노예제를 만들고, 플랜테이션 농업을 하였습니다. 타이노족은 무기가 거의 없었기 때문에 칼이 어떤 것인지도 잘 몰랐습니다. 칼과 갑옷으로 무장한 스페인사람들이 몹시 두려웠기 때문에 콜럼버스는 곧바로 노예제를 만들 수 있었습니다. 그러나 타이노족은 노예가 되려고 하지 않고 자꾸 죽어갑니다. 당시의 기록에 의하면, 병으로 죽거나 또는 버티고 앉아서 죽을 때까지 움직이지 않았다고 합니다. 하여튼 죽어갑니다. 울화병으로 죽기도 하고, 또는 아이들을 낳지 않습니다. 자신의 아이가 노예로 사는 것을 생각할 수 없기 때문입니다. 그래서 타이노족은 백년 사이에 전멸했습니다. 지금은 단 한사람도 남아있지 않습니다.

노동력이 없어지니까 아프리카로부터 사람들을 데려오기 시작했습니다. 카리브해의 섬에서는 어디서든 같은 일이 되풀이되었습니다. 현재 카리브해 섬에는 원주민이 없습니다. 대부분이 흑인이거나 흑백 혼혈입니다. 이것은 상징적인 이야기라고 생각됩니다. 도대체 어디서, 누가, 스스로 이 장시간의 노동제도를 선택했는가. 아무도 선택하지 않았습니다. 그러한 예는 어디에도 없다고 생각합니다.

인류역사를 넓게 생각해보면, 관리된 10시간 또는 12시간을 매일매일 아침부터 저녁까지 계속해서 일한다는 것은 인간에게 극히 부자연스러운, 무리라고 할 수밖에 없는 생활방식입니다. 공장에서도, 사무실에서도, 스스로 원해서 하는 게 아니라 위로부터의 명령에 따라 일합니다. 재미있는가 없는가 하는 것으로 결정하는 게 아니라 어쨌든 회사가 결정한 것이니까 하는 일입니다. 가끔 흥미로운 게 있어서 그것이 즐겁거나 재미있다고 생각되면 극히 행운입니다. 하지만 그것은 우연일 뿐이며, 기본적으로는 돈이 없으면 생활이 불가능하기 때문에 일을 하지 않을 수 없는 것입니다.

그것이 부자연스럽고 부자유스러운 것이라는 점을, 이러한 노동의 조직화, 노동형태에 처음 마주친 대부분의 사람들은 곧바로 이해했습니다. 그러한 노동생활을 시작한 제1세대와 제2세대까지는 다양한 반대운동을 일으키고, 저항하였습니다. 왜냐하면 그 이전의 생활방식에 대한 기억이 남아있기 때문입니다. 유럽에서 가장 급진적인 노동운동은 임노동의 제1세대, 제2세대 때의 운동이었다고 생각됩니다.

그런데 지금 세대에 이르러서는, 벌써 그 기억이 남아있지 않습니다. 이미 몇세대 전부터 이것은 세계의 구조인 것처럼 느껴지는 것입니다. 이러한 노동방식이 세계의 원리이기라도 한 것처럼 말입니다. 그래서 부자연스러운 것이라고 말해도 꿈적도 않는 사람이 많은 게 아닌가 합니다. 현재의 방식이 당연한 것이 아닌가 하고, 마치 '상식'이 된 것 같습니다. 이것도 타이타닉의 논리와 같습니다. 이 세계에 타이타닉 이외에는 아무것도 존재하지 않는다고 생각하면, 타이타닉호 속의 방식이 상식이 되어버립니다.

경제를 민주화해야

지금부터 테마 혹은 각도를 조금 바꾸어보고 싶습니다.

유럽에서 산업혁명이 일어난 뒤, 그 노동방식·경제제도가 민주주의에 반하는 것이라는 것은 19세기에서 20세기 전반까지 꽤 보편적인 상식이었습니다. 혹은 바로 그런 점이 경제제도에 대한 기본적인 비판이었습니다. 그리고 그 해결책으로 사회주의가 얘기

되었습니다. 조금 거칠게 말하면, 사회주의의 주장은 자본주의, 즉 이와 같은 노동의 조직화, 노동자가 프롤레타리아계급으로 되어있는 이러한 상태는 비민주적이라는 것입니다. 사회주의는 경제의 민주화를 목적으로 한다는 주장이었습니다. 혹은 노동현장, 일터의 민주화 그리고 노동자에게 권력을 갖게 한다, 그것이 사회주의의 약속이었습니다.

맑스도 쓰고 있지만, 프랑스혁명에 의해서 정치형태는 민주화되었다 하더라도 경제형태는 여전히 민주화되어 있지 않다, 그것이 사회주의의 과제라는 사고방식이었습니다.

명백히 소련이나 동유럽에서는 그러한 약속은 달성될 수 없었습니다. 실제로 존재한 사회주의에서는 경제의 민주화가 불가능했습니다. 많은 사람이 그 때문에 절망했지만, 그러나 사회주의가 해결해야 한다고 했던 문제 자체가 없어지는 것은 아닙니다. 사회주의는 해결할 수 없었다 또는 적어도 소련과 동유럽 사회주의는 해결하지 못했다고 하는 것이, 따라서 자본주의 경제제도는 민주적이라는 의미는 아닙니다. 그것이 비민주적이라고 하는 문제는 여전히 남아있습니다. 사회주의가 그 해결책이 아니라고 한다면, 어떻게 해야 그것이 해결될 수 있느냐 하는 문제는 변함없이 남아있습니다. 이러한 경제제도를 어떻게 민주화할 수 있느냐 하는 문제는 지금부터의 문제입니다. 낡은 19세기의 문제가 아니라 지금 우리들의 문제인 것입니다.

경제제도를 민주화하는 과정의 첫걸음은, 경제적인 결정이라고 말해지는 정책결정의 대부분이 실은 경제적인 것이 아니라 정치적 결정이라는 사실을 인식하는 일입니다. 이 결정, 이 정책은 정치적이라고 말하는 경우, 즉 그것은 전문가의 결정사항이 아니라 보통의 시민, 인민이 선택하고, 결정할 권리를 갖고 있다는 의미입니다. 변함없이, 자동적으로 그렇게 되어오고 있다는 역사적 결정론이 아니라, 선택이 가능하다는 의미입니다. 그것은 전문가에게 위임해서 해결될 기술적인 선택이 아닙니다. 인간이 어떻게 살아야 하는가라는 가치판단을 동반한 선택이며, 살아있는 인간만이 할 수 있는 선택입니다. 정치적인 선택이라는 것은 그러한 선택을 말합니다.

경제의 반민주적인 측면의 하나는 이 점에 있습니다. 우리들이 논의해서 결정해야 할 선택을 선택할 수 없게 합니다. 결정론적인 역사과정의 결과이기 때문에 아무도 선택할 수 없다, 이것은 운명이다, 하는 것으로 바꾸어버렸습니다. 공적으로 결정하는 게 아니라 전문가가 의논해서 어떤 것이 올바른 것인가를 '객관적인 과학'에 의해 결정하고, 그것을 실현시킨다. 그러한 반민주적인 힘이 경제에는 있습니다. 본래 선택해야 하는 것을, '어떻게 해볼 도리가 없는 것'으로 바꾸어버리는 힘 말입니다.

예를 들어, 단순한 예이지만, 여기에 비행장을 만듭니다. 비행장을 만든다, 만들지 않는다는 것은 거기에 살고 있는 주민들의 생활방식에 관계되는 문제입니다. 어떠한 생활을 하고 싶은가, 어떠한 환경 속에 살고 싶은가, 이것은 선택의 문제입니다. 만들지 않는다는 선택도 있고, 만든다는 선택도 있습니다. 의논해서 결정할 권리가 모든 사람에게 있는 것입니다. 그 비행장을 사용하고 싶은 사람에게도, 그 부근에 살고 있는 사람에게도, 많은 사람들에게 발언권이 있습니다.

그렇게 하지 않고, 비행장을 만드는 것은 진보다, 비행장을 만든다는 것은 역사의 다음 단계로 나아가는 것이기 때문에 그만둘 수 없다, 어떻든 만들어야 한다, 그러한 방식으로 생각하면, 거기에 살고 있는 보통사람들의 의견은 무의미한 것이 됩니다. 반대하더라도 소용이 없다, 싫더라도 도리 없다, 바라지 않지만 만들지 않을 수 없다는 생각이 들기 시작하는 것입니다. 그러한 불가사의한 힘이 경제의 논리에는 있습니다.

비행장을 만드느냐 만들지 않느냐, 산호초를 파괴하느냐 파괴하지 않느냐, 도로를 넓혀서 사람이 살고 있는 곳을 파괴해서 자동차사회로 만드느냐 않느냐. 자동차사회로 된다는 것은 운명에 의해 이미 결정된 게 아닙니다. 자동차사회가 되지 않게 한다는 선택은 언제나 존재합니다. 경제의 민주화라는 것은 그러한 것을 결정하는 것을 뜻하는 것입니다.

좀더 큰 문제를 말한다면, 이제 경제성장을 계속할 것인가 말 것인가. 자연환경을 파괴하더라도 어쨌든 경제성장을 계속할 것인가, 혹은 제로성장으로 경제성장을 멈추고 이제부터는 자연환경을 지키거나 자연을 돌보는 정책을 할 것인가 어쩔 것인가. 그것은 미리 결정된 것은 아닙니다. 선택하는 것입니다. 사람이 의논하면서 생활을 하고 싶다고 생각하여 결정하는 것 ― 그것이 가능해야 합니다.

객관적으로는 마땅히 선택해야 하는 것을, 미리 결정된 듯한 사실로 바꾸어버리는 것이 어떻게 가능한가. 그것은 또다시 '타이타닉 현실주의'의 힘이라고 생각됩니다. 현실적인 것은 타이타닉호밖에 없다. 타이타닉 이외의 것, 바다니 빙산이니 하는 것은 존재하지 않는다. 경제시스템만이 현실이며, 자연세계는 텔레비전 속에서 대리체험으로 볼 수 있는지는 모르지만 정말은 현실이 아니다, 현실은 경제다라고 합니다.

이것은 "보지도, 말하지도, 듣지도 못한다"의 현대판이라고 생각합니다. 경제 이외에도 큰 문제가 있지만, 그것을 보더라도 보지 못하고, 알고도 말하지 못하고, 들어도 듣지 못하는 상태입니다.

우리는 힘이 있다

민주주의, 데모크라시에는 두개의 측면이 있습니다. 민주주의의 본래 의미는 인민에게 힘이 있다는 것입니다. 때때로 역사 속에서 인민이 일어나서 실제로 권력을 차지하는 경우가 있습니다. 운동을 일으켜서 사람들이 실제로 역사의 방향을 결정하는 그러한 경우가 있습니다. 필리핀의 '피플파워' 운동이라든가, 폴란드의 '연대'라든가, 일본의 경우는 '안보투쟁'이라든가, 그러한 것이 역사 속에서 있었습니다. 때때로 실제로 인민이 힘을 갖는 순간이 있는 것입니다. 말하자면 '민주상태'라고 하는 것인데, 그 상태에서는 사람들이 모여서 그러한 힘을 실제로 공유합니다.

또하나의 측면은 어떠한 제도 속에서도 잠재적인 힘은 인민에게 있다는 사실입니다. 객관적인 사실로서, 정치권력, 경제권력을 포함한 모든 권력은 어디에서 나오느냐 하면, 보통사람들로부터 나옵니다. 경제적으로 말하자면, 이것은 맑스의 기본적인 통찰이었다고 생각됩니다만, 모든 경제적인 힘, 즉 부는 노동자가 만드는 것입니다. 노동자는 노동에 의해 자본가의 힘, 자본가의 자본 그것을 생산합니다. 노동자가 노동함으로써 자본을 만들어내는 것입니다. 그런 까닭에 노동자는 아침부터 저녁까지 일함으로써 자신을 관리하고, 자신을 착취하고, 자신을 억압하는 힘을 스스로 만들어낸다고 하는, 심히 역설적인 상황에 있게 되는 것입니다. 맑스는 그렇게 분석하고 있습니다. 그것이 '소외된 노동'입니다. 그러므로 그것이 이해된다면, 그리하여 총파업이 일어난다면, 즉 노동자가 노동을 중지한다면, 모든 힘은 노동자에게 돌아올 것이라고 맑스는 생각하였습니다. 맑스의 혁명에 대한 이미지는 기본적으로 총파업입니다.

정치권력도 같은 것으로 생각됩니다. 앞에서도 말한 바와 같이, 신민이 없으면 국왕은 존재하지 못합니다. "나는 국왕이다"라고 말하더라도, 모두가 등을 돌려 어디론가 가버리면 그러한 말은 오직 바보가 내지르는 절규일 뿐입니다. 많은 사람이 신민이라는 역할을 하지 않는다면 국왕의 권력은 없습니다. "나는 명령한다"라고 하더라도 그 명령에 따를 사람이 없으면 아무것도 되지 않습니다. 그와 마찬가지로, 지금은 국왕제가 아니지만, 정부의 관료의 명령에 따르는 사람이 없으면 관료의 힘도 없어지고, 정치가의 힘은 표를 얻지 못하면 성립하지 못합니다. 정부 자체, 그것이 바로 정부라고 믿는 사람이 많지 않으면 정부의 권력도 성립하지 않습니다. 그러므로 그러한 권력이 전부 기본적으로 보통사람들로부터 생겨난다는 것은 이념이 아니고, 희망도 아니며, 객관적인 사실입니다. 힘의 역학으로부터 생각하면 그렇게 되는 것입니다. 가치관이 아니라 사실이 그렇습니다.

살아남기로서의 활동

그런 식으로 생각한다면, 각 개인에게도 잠재적인 힘은 있는 것입니다. 그 힘의 본질을 이해하기 위해서 사람들의 사회적 역할을 대충 세가지로 나누어 생각해봅시다. 즉 경제적 역할, 정치적 역할, 문화적 역할로 말입니다.

경제적 역할에 관해 말한다면, 우선 우리는 노동자로서 갖는 역할이 있습니다. 이미 말한 바와 같이, 노동자는 모든 경제적 가치를 자신의 노동에 의해 생산합니다. 그것이 모든 경제적인 힘의 원천이라는 것을 잊어서는 안됩니다. 노동자가 일하지 않으면, 자본가, 경영자, 상사는 아무것도 할 수 없습니다.

노동자의 역할은 우선 취직으로부터 시작됩니다. 그때, 일하는 장소를 완전히 자유로이 선택할 수는 없겠지만, 가능한 한 자신의 양심, 사고방식, 생활방식과 합치되지 않는 곳에서는 일하지 말아야 하는 것은 말할 것도 없습니다. 양심을 죽이면서 매일 일한다는 것은 괴로운 것으로서, 과로사의 한 원인이 된다고 나는 생각합니다. 이 당연한 것이 사회의 상식이 된다면 그것만으로도 사회는 크게 변할 것입니다.

취직하면 직장에서 여러 문제에 직면합니다. 예를 들면, 많은 일터에서는 언론의 자유가 없습니다. 그러나 직장에서 언론의 자유가 이토록 심히 억눌려 있다는 현상은, 거꾸로 '직장 내 언론의 자유'가 얼마나 큰 힘을 갖고 있는 것인지(두려운 것인지)를 반증합니다. 따라서 직장 내 언론의 자유를 획득해서, 큰 소리로 온갖 문제 ─ 노동조건, 공해문제, 주변사태법, 신의 국가 발언, 헌법조사회, 회사의 생산방침과 사원에 대한 처우 등 ─ 에 대해서 말할 수 있게 되면(즉 당연한 발언이 행해질 수 있게 되면) 얼마나 크게 사회가 변할지 이해할 수 있을 것입니다. 물론 이것은 한사람의 힘으로는 불가능한 것으로, 회사 내에서 동지들을 만들지 않고는 시작할 수 없습니다. 그러나 그러한 수수한 형태로 시작되더라도, 이 직장 내 언론자유운동은 매일같이 부닥치는 노동현장에서 가능한 것이라는 점에서도 의미있는 민주화운동입니다.

또 노동자에게는 노동조합원으로서 갖는 역할이 있습니다. 그러나 어용조합도 굉장히 많습니다. "우리 조합은 어용조합이라서 아무것도 할 수 없다"는 자주 듣는 말입니다. 그러나 그것은 결론이 아니라 문제를 명확히 하는 계기가 될 수 있습니다. 즉 그것은 어용조합 자체를 개혁하여, 경영자에 대해서 확실히 저항할 수 있는 진정한 노동운동이 되기 위한 야당세력을 만든다는 의미있는 계기가 될 수 있는 것입니다.

일하는 장소를 선택하는 것은 취직 때만이 아니라, 거기서 일하는 동안에도 끊임없이 계속되는 문제입니다. 어떤 일이 있어도 이 회사를 그만둔다는 것은 고려할 수 없다고 생각한다면, 마음에 그만큼 여유가 없어집니다. 싫어지면 당연히 그만둔다는 각오로 일하면 자신의 자유도, 회사에 대한 저항력도 강해집니다. 그러나 물론, 자신의 소비수준을 낮추는 것을 고려하지 않는다면 직장을 그만둔다는 것도 생각할 수 없습니다. 그리되면, 회사가 말하는 모든 것을 받아들이지 않으면 안됩니다. 소비자로서 자신의 처지를 바르게 생각하는 문제에 대해서는 곧 말하겠습니다만, 그것은 직장에서의 자유와 큰 관계가 있습니다.

또하나 우리가 갖는 경제적 역할은 소비자로서의 역할입니다. 히스테리에 가까운 선전이나 상업광고를 보고 있으면, 소비자가 물건을 사지 않을지도 모른다는 것이 기업에게는 얼마나 두려운 일인지가 잘 이해됩니다. 혹은 최근 첨가물이 들어있는 식품에 대한 불매운동으로 기업계가 얼마나 큰 공포에 휩싸였는가를 보면, 소비자의 잠재적인 힘을 잘 알 수 있습니다.

그러나 문제는 첨가물이 들어간 식품만이 아닙니다. 자신의 양심이나 생활방식에 합치하지 않는 것을 하고 있는 회사(저임금 노동자를 착취한다, 환경을 파괴한다, 무기를 생산한다, 여성을 차별한다 등등)의 상품을 사지 않는 것은 당연하다는 감성이 상식이 된다면 굉장히 큰 힘이 될 것입니다.

대체 인간에게 정말 필요한 것은 텔레비전의 상업광고를 보지 않더라도 알 수 있습니다. 예를 들어 감자라든지, 당근이라든지, 콩이나 두부에 대한 상업광고는 없습니다. 상업광고라는 것은 기본적으로 쓸데없는 것을 사도록 설득하려는 것으로, "텔레비전의 상업광고에 나오는 상품은 사지 않는다"는 큰 규칙을 따르면 거의 틀림없습니다.

지금 대안적 경제로 돌아가려는 운동이 널리 퍼지고 있습니다. 일본에서도 기업을 통하지 않고 곧바로 직접 농가에서 식품을 사는 시스템이나, 정당한 값을 치르고 '남(南)'의 국가들로부터 수입하는 회사가 있습니다. 일본에는 아직 들어와 있지 않지만 해외에서는 대안화폐(스스로 만드는 화폐)운동이 널리 퍼지고 있습니다. 이러한 활동은 아직 주류 경제에 비하면 미미한 힘밖에 없지만, 주류 경제와는 다른 경제원리를 이미 현실화하고 있습니다. 소비자로서 우리자신이 이러한 대안적인 장래를 만드는 활동에 관여하는 것은, 사회변혁에도 스스로의 삶의 방식의 변혁에도 연결되는 것입니다.

그리고 개인에게는 정치적인 역할도 있습니다.

모든 정부의 정치권력은 민중의 지지(적극적이든 소극적이든)로부터 생겨나는 것이 사실임에도 불구하고, 일본정부의 경우 여론과 꽤 다른 정책을 강행하는 것이 많습니다.(신(新)가이드라인 관련법이 그 명백한 예) 정부의 정책이 민중의 신념을 정직하게 대변하는 것으로 된다면, 그것만으로 일본의 정치는 크게 변할 것입니다.

잊어서는 안될 것은, '여론'이라는 것은 텔레비전의 뉴스 전달자나 탤런트가 만드는 것이 아니라, 민중의 구성원인 개인이 만든다는 것입니다. 따라서 어떤 형태로든 자신의 의견이나 신념을 공식화하는 것은 언젠가 장래의 변화에 이어질지 모른다는 것뿐만 아니라, 그것만으로 이미 작은 변화가 되는 것입니다. 즉 이미 '여론'의 일부가 되는 것입니다.

선거활동 이외의 다양한 정치활동(집회, 데모, 서명운동, NGO활동, 파업, 보이콧운동, 연좌농성, 피켓시위, 기지포위, 삐라 살포, 학습모임, 정책제언, 로비활동, 규탄, 국제적 네트워크 형성, 주민투표, 시민불복종, 비폭력 저항, 양심적 징병거부, 양심적 납세거부 등등)에 대해서 여기서 일일이 설명할 필요는 없다고 생각합니다.

그러나 위에 열거한 정치활동 목록을 읽고 공포를 느끼는 사람도 많을 것입니다. 그래서 활동에 참가하는 것을 망설이는 일도 있을 것입니다. 확실히 오늘의 사회에는 정치활동은 '두려운 것'이라는 이미지가 있습니다. 거리에서 삐라를 살포하는 사람에 대해서는 마치 몹쓸 병을 가진 것처럼 여기는 사람도 많습니다. 지금까지 이러한 활동에 참가해온 사람도 그 때문에 사회의 이탈자나 이단자로서 취급되기도 하고, 그 자신 열심히 활동하더라도 직장이나 집 근처에서는 숨는 경우도 있습니다.

미국에서는 빨갱이 사냥이 격심했던 1950년대에도 그러했지만, 나도 그 공포의 분위기를 알고 있습니다. 머릿속에는 참가하고 싶다는 뜻이 있더라도 무엇인가 형체가 없는 공포가 있어서 몸이 움직이지 않습니다. 나는 가장 처음 정치활동(말뿐만 아니라 실제로 몸을 움직이는 문자 그대로의 활동)에 참가하였을 때를 지금도 느끼고 있습니다. 1963년이었습니다. 학교에서 집으로 돌아가는 길에 흑인을 고용하지 않는 슈퍼마켓 앞에서 흑인 공민권운동 활동가들이 피켓시위를 하고 있는데 그곳을 지나가지 않으면 안되었습니다. 아는 얼굴을 그대로 지나쳐 갈 수도 없었기 때문에 거기에 들어가서 세번인가 네번인가 함께 피켓을 들고 돌았습니다. 그리고 집으로 돌아왔는데, 그것만으로도 무엇인가 벽 같은 것이 무너져 버리고 공포로부터 해방된 것 같은 느낌이 들었습니다. 그와 같은 시시한 시작(삐라를 받아 읽는다든가, 가두연설을 서서 듣는다든가)만으로도 ― 그렇게 해서 세계는 그다지 크게 변하지 않더라도 ― 자신이 변한다, 즉 자신이 자유롭게 된다는 의미에서 큰 '민주화'가 이루어집니다.

여기서 말해온 것처럼, 국가의 폭력(전쟁)이나 환경문제 등 21세기는 그러한 정치활동에 참가하는 것이 당연시되지 않으면 해결될 수 없는 문제가 산적해 있습니다. 그래서 참가를 당연하게 여기는 시민사회를 형성하지 않으면 안되고, 그렇게 하기 위해서는 우선은 자기자신이 변하는 '민주화'가 필요합니다.

마지막으로 개인의 문화적 역할인데, 지금의 문화가 '소비문화', '과로사 문화', '자동차 문화', '대량 쓰레기 문화', '원자력 문화', '정치무관심의 문화', '모난 돌이 정 맞는다 문화' 등등이라는 것을 생각하면, 지금부터 있어야 할 문화적 과제의 윤곽이 대체로 드러납니다. 여기서도 잊어선 안될 것은, 경제가치나 정치 권력과 마찬가지로, 문화는 문화부나 한무리의 문화인들이 만드는 게 아니라 민중이 만드는 것이라는 사실입니다. 아이들이 학교에서, 가족이 가정에서, 노동자가 직장에서, 온갖 곳에서 사람들은 문화를 끊임없이 만들고 있습니다.

그러나 지금 주류 문화는 완전히 이 정치경제시스템 속에 편입되어 있습니다. 문화에 의해서 인간사회에 있는 다양한 것의 '가치'가 결정되지만, 지금의 소비문화 속에서는 금전적인 가치가 없는 것은 가치가 없다는 정도가 아니라, 존재감도 없는 것으로 되어있습니다. 앞으로 경제의 교환가치 이외의 본래적인 가치를 평가할 수 있는 감성과, 미의식을 중심으로 하는 문화가 부활한다면, 시장경제가 우리에게 갖고 있는 지배력은 많이 약화될 것입니다.

되풀이하지만 지금까지 말해온 것과 같은 활동 · 가치관은 이미 오늘의 사회에 존재하고 있는 것으로, 아무런 새로운 제안을 하고 있는 게 아닙니다. 즉 당연한 것밖에 말하지 않은 셈입니다. 그러나 이러한 당연하고, 상식적인 것이 여전히 사회의 중심으로부터 배제되어 있습니다. 상식이면서도 말하자면 '이면의 상식', '주변적인 상식', '아웃사이더의 상식'으로 되어있을 뿐입니다.

그러나 지금부터의 정치, 경제, 문화를 변화시키려는 활동은 어떠한 이데올로기나 주의 주장, 특별한 신앙에 의한 것이 아니라,

지구와 인간사회가 앞으로 살아남기 위한 필요조건이라는 것을 냉철한 현실주의자는 이해하지 않으면 안됩니다. 그러한 이해가 넓어지면 이 '이면의 상식'은 '표면의 상식', 주류의 상식이 될 것입니다.

| 제6장 |
현실은 바뀐다

우리는 지금 어떤 상황에서 살고 있느냐는 질문으로 다시 돌아
갑시다.

굶어죽어가는 인간

'안전보장'이라는 말을 들으면 '일미(日美) 안전보장조약'이 제
일 먼저 생각납니다. 또 군부대가 떠오르기도 합니다. 안전보장은
국가가 독점하고 있는 '정당한 폭력'에 의지하는 것이 당연하다
고 우리는 생각하고 있습니다. 그 생각이 변함없이 세계의 상식으
로, 일본의 상식으로 다시 부활하고 있는 듯합니다. 제2장에서 말
했듯이, 20세기 100년 동안 2억의 인간, 그것도 주로 자국민을 죽
인 것이 그 국가였는데도 불구하고.

한편, 노벨 경제학상을 수상한 아마르티야 센과 진 트레즈가 쓴
《기아(飢餓)》라는 책에 따르면,[2] 세계에서 매일 굶주림으로 죽어가
고 있는 사람은, 점보제트기 300대의 승객과 거의 같은 수라고 합

니다. 물론 그 대부분은 어린이입니다. 점보제트기 한대가 떨어지면 전세계에서 큰 소동이 벌어지지만, 먹을 것이 없어서 굶어죽고 있는 사람의 수가 매일 300대분이나 되는데도, 그 사실을 아는 사람조차 불과 얼마 되지 않습니다. 정치가나 발전경제학자는, 이런 문제를 해결하기 위해서도 경제발전을 계속할 수밖에 없다고 말합니다. 제3장과 4장에서 말했듯이, 이 상황이야말로 반세기 동안 계속되어온 강경한 경제발전정책에 따라 일어난 세계경제시스템의 현실인데도 불구하고.

사라져가는 생물

얼마 전에 흥미진진한 신문기사를 읽은 적이 있습니다. 지금 세계의 생물학자가 대단히 바쁘다고 합니다. 세계의 동식물종에는 린네식 분류법에 아직 들어가 있지 않은 것이 많은데, 그런 것을 연구실로 가지고 와서 다른 종과 다른 부분을 확인하고, 라틴어 이름을 붙이고 무슨 과(科) 무슨 속(屬)이라는 식으로 생물학 분류 시스템에 집어넣는 작업이 아직 끝나지 않았다, 그런데 문제는 이 작업이 늦을지도 모른다는 것이라 합니다. 생물학자가 아직 기록하지 못한 종이 현재 자꾸 사라져가고 있기 때문입니다. 수많은 종이 기록되지 않은 채 사라져버리면 과학자가 이 지구상의 생물 모양을 전면적으로 파악할 수 없다는 것을, 그 기회를 잃어버리게 될 것을 걱정하고 있는 것입니다.

---

2) Jean Dreze and Amartya Sen, *Hunger and Public Action*, Oxford : Clarendon Press, 1989.

사라져가는 언어

볼프강 작스가 편집한 책《탈개발의 시대》[3] 안에는 볼프강 작
스가 직접 쓴 글이 있습니다. 그 글에 따르면 현재 세계에는 5,100
개쯤의 언어가 있다고 합니다. 흥미로운 것은 그 가운데 유럽 언
어는 불과 1퍼센트이고, 나머지 99퍼센트는 아시아, 아프리카, 태
평양과 미대륙에 있습니다. 아메리카대륙의 언어 가운데는 유럽
에서 가져온 것은 네개뿐이고, 나머지는 원주민의 언어입니다. 나
이지리아에는 400개 정도, 인도에는 182개의 언어가 있습니다.
인구가 그다지 많지 않은 중미에는 260개. 그런데 두세대 뒤까지
살아남을 수 있는 것은 그중 아마도 100개 정도가 아니겠냐고 그
지리학자는 예측하고 있습니다.

언어는 단순히 커뮤니케이션 수단만을 뜻하지 않습니다. 그 속
에는 온갖 인간의 경험이라든가 마음이라든가 역사라든가 미의식
이라든가 사고방식이라든가 세계관이 들어있습니다. 그것은 의미
의 창고이자 감각의 창고이고, 기억의 창고이기도 한 것입니다.
어떤 한 언어는 인류문화와 문명의 일부이자, 인간의 한가지 가능
성이 거기에 실현되어 있습니다. 두세대라는 짧은 시간에 5,000개
이상의 언어를 잃는다는 것은 아마도 역사상 예가 없는 문화적 재
난일 것입니다.

줄어드는 생물권

1969년 7월 20일, 미국의 아폴로 11호 우주비행사 두사람이 달

---

3) Wolfgang Sachs, ed., *The Development Dictionary : A Guide to Knowledge as Power*, London : Zed Books, 1992.

표면에 착륙했습니다. 그들은 그때 비디오카메라를 360도 돌려서 우리에게 달 풍경을 현장에서 보여주었습니다. 문제는 거기에 '풍경'이라 불릴만한 것이 없었다는 점입니다. 우주비행사는 해설하는 데 곤혹스러워했습니다.

"여기에 돌이 보입니다", "보입니까? 이것도 아, 돌이군요" 등등. 그리고 다시 시청자에게 보일만한 것을 찾아 그곳에 카메라를 들이대고 말합니다. "아아, 이것을 봐주세요. 큰 돌이 있습니다." 그의 말대로 분명히 거기에는 다른 곳보다 큰 네모난 돌이 있었습니다. 한동안 침묵이 계속된 뒤 그는 말했습니다. "비석 비슷하군요."

다음날 신문에는 그들의 대화기록이 그대로 실려있었지만, '비석 발언'은 삭제되어 있었습니다.

놀랍게도 우주비행사 대부분은 지구로 돌아온 뒤 자연보호자가 되었습니다. 그들은 지구의 자연환경을 더욱 소중하게 대하지 않으면 안된다는 이야기를 어떤 형태로든 하기 시작했습니다. 그 이유는 달에서 이 지구라는 별 이외의, 생명이 없는 '죽은' 우주의 공포를 절실하게 맛보았기 때문일 테지요.

생물권(biosphere)이라는 말이 있습니다만, 그것은 생물이 살 수 있는 영역, 즉 이 지구표면을 가리키고 있습니다. 예를 들면, 우리 발아래라면 지하 몇미터 정도까지 생물이 살 수 있습니다. 생물권에서 그 바깥으로 나가려면 삽으로 땅을 파면 간단히 가능합니다. 그리고 위로는 고도 수천미터 정도. 물론 비행기나 우주선이 있으면 갈 수 있지만, 가져간 산소가 떨어지면 목숨을 부지할 수 없습니다. 흙속이나 공기 외에도 물이나 호수, 바다 속에도 생물권이 퍼져있습니다.

우리는 그것이 이 넓은 우주 속에서 단 하나 생명이 살 수 있는 더없이 소중한 곳이라는 것을 알면서도, 그 대단히 제한된 생물권을 자꾸 파괴하고 있습니다. 어느 날 파괴할지도 모른다는 게 아니라 실제로 파괴하고 있습니다. 예를 들면, 아스팔트나 콘크리트로 덮어버리면 그 아래의 흙은 죽어버립니다. 생물권이 그만큼 줄어듭니다. 화학비료로 흙을 죽이는 일도 있습니다. 죽어버리면 그것은 농민이 말하는 '흙'이 아니라, 달 표면과 같은 작은 돌의 집합(혹은 작은 돌비석의 집합)체에 불과합니다. 강이나 호수를 죽일 때도 마찬가지입니다.

그와 동시에 과학기술의 발전에 따라 가상의 생물권이 점점 확대되어가고 있습니다. 창밖의 자연이 사라지고 있어도 브라운관 속에는 위대한 자연이 보기 좋게 찍혀있습니다. 게임 속에도 예쁜 동물들이 많이 등장하고, 또 가짜 애완동물도 팔고 있습니다. 컴퓨터에는 지성이 있고, 영혼이 있고, 인공생명이 있다는 설도 있습니다. 어떻든 인간이 사는 장소가 조금씩 사라지고 있고, 그 대신 과학기술이 새로운 공간을 준비해주고 있다는 느낌입니다. 우리들이 있을 수 있는 또하나의 장소가 계속해서 생기고 있다는 환상이, 본래 단 하나뿐인 생물권의 실상을 이해하는 데 커다란 장애가 되고 있습니다. 이 새로운 가상 현실에 따라 새로운 가상 현실주의가 앞으로 등장할지도 모릅니다.

늦지 않을까

몇년 전인가 매우 근심스런 얼굴을 한 어느 학생으로부터 이런 질문을 받은 적이 있습니다. "원자력발전 반대운동은 없어질까요?" 듣고, 절로 쓴웃음이 났습니다. 사라질 리가 없습니다.

원자력발전이 있는 한 언젠가는 다시 방사능이 새는 사고는 반드시 일어나기 마련이기 때문입니다. 사람들이 운동을 잃어도 어떻든 문제는 이어집니다. 즉 운동이 일어난다거나 부활하지 않으면 안되는 상황은 사라지지 않는다는 것입니다.

원자력발전 반대운동은 유토피아주의라든가 이상주의라든가 무슨 이데올로기에 바탕을 둔 운동이 아니라, 현실에 존재하는 문제에 뿌리를 둔 운동입니다. 누가 어떤 사상을 가지고 있든 방사능이 새면 모두 곤란을 겪습니다. 방사능이 새느냐 어떠냐 하는 것은 의견이나 사상에 따라 결정되는 것이 아닙니다. 그것은 현실입니다.

실제로 방사능은 지금까지 몇번이나 샜고, 고장이 나지 않는 기계란 있을 수 없다는 지극히 당연한 사실을 생각해보면 앞으로도 샌다는 것을 알 수 있습니다. 그러므로 원자력발전 반대운동은 계속되느냐 아니냐의 문제가 아니라, 늦지 않겠느냐 어떠냐가 문제인 것입니다. 커다란 사고가 일어난 뒤 또 반대운동을 집중적으로 할 것이냐, 그렇지 않으면 운동이 성공하여 사고가 일어나지 않도록 (원자력발전소를 없애도록) 앞서 막을 수 있느냐 없느냐는 것입니다.

환경문제도 같다고 생각합니다. 환경보호운동이나 자연보호운동은 이 몇년간, 옷차림처럼 유행한다거나 진부해진다거나 침체된다거나 부활한다거나 해왔습니다. 그러나 그것이 계속될 것이냐 아니냐고 물으면 당연히 계속입니다. 환경위기는 지금도 진행중이고, 계속 악화되어가고 있기 때문입니다. 아무리 무관심한 사람이라도 아무리 그것이 자신의 라이프스타일과 맞지 않더라도 그 일로부터 눈을 돌릴 수 없는 때가 옵니다. 문제는 그게 늦지 않겠느냐는 것입니다. 환경문제도 역시 환경보호 사상이 마침내 주류의 상식이 된 단계에서 얼마만큼 자연이 남아있느냐가 문제인 것입니다.

일본의 반전평화운동에 관해서도 같은 말을 할 수 있습니다. 지금은 상당히 침체된 모양이 되어있고, 여러 사람, 여러 당파가 운동을 포기하고 있지만, 이것도 없어질 리가 없다고 생각합니다.

냉전구조 속에서 반전평화운동에 참가할 수밖에 없다는 선택은 상당히 이데올로기적인 의미를 가지고 있었을지도 모릅니다. 하지만 냉전이 끝난 지금 전쟁을 추구하는 데는 여전히 그것이 어떤 것이든 이데올로기가 필요하지만, 평화를 바라는 데는 그런 것이 전혀 필요없습니다. 평화를 바라는 것은 지극히 당연한 요구가 아닙니까.

신가이드라인 관련법을 비롯하여, 일본을 '전쟁이 가능한 나라'로 만들고자 하는 법률이 자꾸 만들어지고 있습니다. 그런 일이 벌어지는 사이에 이번에는 총리의 입에서 '신의 나라', '국체(國體)', '교육 칙어(勅語)'라는 말이 악몽처럼, 반드시 끝나야 하는 과거로부터 불쑥불쑥 얼굴을 내밀고 있습니다.

제2장에서 말씀드린 바와 같이 지금 전쟁문제는 추상적인 문제에서 우리 삶에 매우 가까운 문제로 바뀌고 있습니다. 진짜 전쟁, 구체적인 전쟁이 가까웠다면(요컨대 이론적으로 찬성이냐 반대냐가 아니라 자신이 전쟁에 참가할 것이냐 아니냐를 선택해야 한다면), 당연히 반

전운동은 다시 한번 거세게 일어나리라고 봅니다만, 문제는 마찬가지입니다.

그것이 늦지는 않을까. 전쟁을 사전에 막을 수 있는 힘이 될 수 있느냐, 아니면 전쟁이 일어난 뒤에 운동이 거세게 일어날 것이냐는 것입니다. 그리고 물론 늦을 경우, 만약 일본정부가 '천황을 중심으로 한 신의 나라'라는 사상 아래서 전쟁에 관여하기로 결정을 하면, 그런 상황에서 반전운동을 계속하기는 매우 어려울 것이라는 것을 지난 반세기의 역사기록은 말하고 있습니다.

'상식'은 반드시 바뀐다

물론 문제는 운동이 거세게 일어날 것이냐 아니냐만이 아닙니다. 지금 상식이 되어있는 이 '현실주의', 타이타닉의 논리가 과연 바뀔까 어떨까(그리고 그 변화가 늦지는 않을까) 하는 점도 있습니다.

타이타닉 현실주의와 같은 사고방식이 "상식이 되었다"는 것을 정치학에서는 "패권을 잡았다"고 합니다. 그렇게 되면 그것은 객관적이며 보편적인 현실처럼 보입니다. 논의나 토론의 대상이 될 필요도 없는, 실증이 이미 끝난, 혹은 실증 이전의 믿어 의심할 수 없는 사실의 위치에 놓입니다. 패권적인 사고에 모두가 설득당한다기보다도 그것을 의심조차 하기 불가능한 상태가 되어버립니다. 그것이 배타적 진리, 즉 '상식'이 되고, 그 이외의 사고방식은 '비상식'이 됩니다. 극단적인 경우에는 이단이라든가 위험한 사상이라 불립니다.

물론 패권을 잡고 '상식'이 된다는 것과, 그 상식이 옳으냐 옳지 않으냐는 별개의 문제입니다. 인도적이냐 어떠냐, 인간해방으로 이어지느냐 어떠냐는 관점과도 관련이 없습니다. 중세 유럽에서는 마녀사냥이 상식이었습니다. 중국에서는 19세기까지 전족 (纏足)이 상식이었습니다. 남북전쟁 이전의 미국 남부 백인사회에서는 노예를 갖는 것이 상식이었습니다. 거기서는 사람이 사람을 사유재산으로 삼아서는 안된다는 생각이 비상식이었으며, 그런 생각을 가진 사람은 이단자 취급을 받았습니다. 그리고 1930년대부터 40년대 중반까지 일본에서는 국가주의가 상식이었기 때문에, 평화주의자나 침략전쟁은 그만두어야 한다고 생각했던 사람이 비국민 취급을 받았습니다.

20세기, 특히 20세기 후반에는 제2장과 3장에서 소개했듯이 정치·경제론이 세계적인 패권을 잡고, '상식'이 됐습니다. '정당한 폭력'을 독점하는 나라를 만들고, 안전과 질서를 보장받습니다. 그리고 국가를 단위로 경쟁하면서 산업혁명으로부터 시작된 경제 시스템을 세계 구석구석까지 넓혀가고 있습니다.

이 과정을 1945년까지는 '제국주의'라 불렀고, 1946년경부터는 '경제발전'이라 불렀고, 현재는 '글로벌라이제이션', 즉 세계화라 부르고 있습니다. 어느 것이나 인간의 작은 힘을 훨씬 초월해 있는 듯한, 멈추고자 해도 멈출 수 없을 듯한, 역사의 커다란 '흐름' 혹은 '눈사태'처럼 보입니다. '모두 뒤엉켜서 마구잡이가 되어 돌아가고 있을 뿐'이라는 본질은, 좀처럼 보이지 않습니다. 그것이 '패권'의 불가사의한 힘입니다.

그렇지만 이런 사고방식은 앞으로 바뀌리라고 생각합니다. 그것은 역사의 기록을 보면 바로 알 수 있습니다. 패권을 잡은 '상식'은 지금까지도 바뀌어왔습니다. 그러므로 경제발전이란 상식도, 폭력국가란 상식도 반드시 바뀝니다. 앞으로 바뀐다기보다 이미 바뀌기 시작하고 있습니다.

먼 미래냐 가까운 미래냐는 알 수 없지만 언젠가 이른바 패러다임의 전환은 반드시 일어납니다. 오늘의 비상식이 상식이 되고, 오늘의 상식은 비상식이 되는, 그런 전환이 반드시 일어납니다. 일어나버리면 그처럼 어리석은 생각을 내가 어떻게 했는지, 그것이 이상하여 헛웃음이 날지도 모릅니다. 그동안 우리는 어째서 내가 사는 곳을 파괴해도 좋다는 식의 생각을 해왔단 말인가. 우리는 생명을 파괴하는 기계나 건물만 만들고 생물을 무시해왔다. 그리고 폭력을 당연시하는, 국가라는 '폭력단'을 만들었다. 어떻게 그런 식의 생각이 가능했는지 스스로도 신기한 생각이 들 날이 꼭 옵니다. 그런 식의 생각을 어째서 믿었단 말인가, 하는 게 학자의 커다란 연구테마가 되는 날이 반드시 옵니다.

방사능이 있는 유토피아

조금 비유적인 표현이지만, 나는 '근원적 유물론'이라는 말을 제안하고 싶습니다. 혹은 '근원적 결정론'이라고 해도 좋습니다.

맑스주의 속에서 유물론은 어떤 의미였습니까? 하부구조는 상부구조를 결정한다. 이것은 맑스 사상이라기보다 맑스주의자, 맑스의 제자들의 표현방법이지만, 상부구조보다도 하부구조 쪽이 현실적이므로, 그것이 상부구조를 만들어간다는 뜻입니다. 하부구조란 생산수단을 비롯하여 생산의 모든 관계를 뜻합니다. 노동자와 그들이 쓰고 있는 도구나 기계 그리고 노사관계 등의 인간관계가 그것입니다. 상부구조는 정치, 문화, 이데올로기를 말합니다. 하부구조가 바뀌면 어쩔 수 없이 상부구조는 영향을 받는다는 사고방식입니다.

맑스의 말을 들어보면 하부구조, 즉 생산수단과 제관계가 가장 아래에 있기 때문에 그것이 기초입니다. 그것이 더욱 현실적이고 객관성이 있다는 것입니다. 그러나 20세기가 되어 밝혀진 것은, 맑스가 말하고 있는 하부구조 역시 타이타닉호의 가장 아랫방, 기관실에 지나지 않았다는 것입니다. 그보다도 더 깊은 하부구조가 있는데, 곧 자연환경 그 자체가 그것입니다. 타이타닉호의 바깥에는 바다가 있습니다. 바닷물이 없으면 타이타닉은 뜰 수 없고, 앞으로 나아갈 수 없습니다. 그와 같이 맑스가 말하고 있는 하부구조는 경제제도입니다만, 경제제도 바깥에는 역시 자연환경이 있습니다.

경제제도, 즉 생산수단, 생산의 제관계는 절대적, 근원적으로 환경에 종속돼 있습니다. 환경이 바뀌면 경제제도의 하부구조는 틀림없이 바뀝니다. 환경이 파괴되면 경제제도도 파괴됩니다. 아무리 자연환경을 무시하고자 해도 인간이 생물인 이상 그 영향으로부터 벗어날 수 없습니다. 그렇게 되면 아무리 극단적인 무관심 혹은 현실도피형의 인간이라도 자신의 삶의 방식을 바꾸지 않고서는 살아갈 수가 없습니다. 그 변화가 곧 반드시 일어납니다.

유물론이라든가 결정론이란 말은, 물론 어떤 의미에서 비유로 사용하고 있습니다. 절로 인간의 의식이 변하리라고는 생각하지 않습니다. 패권을 잡은 타이타닉 현실주의에 아무리 힘이 있다고 해도 인간에게는 또하나의 상식, 날 때부터 가지고 나오는 상식이 갖춰져 있다고 믿기 때문에 그와 같은 표현을 한 것입니다. 사람이면 누구나 타이타닉호 바깥에 있는 현실을 보고 알 수 있는 힘을 가지고 있습니다. 환상 속에 살더라도 제 몸에 위기가 닥쳐오면 본래의 현실주의로 돌아가는 능력을 누구나 가지고 있습니다.

국가가 자행해온 폭력의 역사를 냉정하게 바라보면, 음 그랬단 말인가라는 생각이 들며 더이상 국가를 위해 무기를 들고 싶어지지 않을 테고, 세계경제시스템이 일으킨 재해의 기록(굶주림, 문화나 자연 파괴, 빈부의 재생산)을 보면 과연 그랬다는 말인가라는 자각이 들며 경제발전정책을 포기하라는 요구를 하고 싶어지지 않겠습니까. 그것이 보통 인간이 가진 상식에 따른 반응으로, 그 사실을 설명하는 데 결정론과 같은 신비적인 말을 쓸 필요는 조금도 없겠지요.

앞에서 말했듯이, 이 변화가 너무 늦어서 커다란 재난과 함께 찾아들 것인지, 아니면 적극적·의도적인 개혁이 제때에 이루어져 늦기 전에 재난을 피할 수 있을지, 늦지 않을 수 있을지가 중요합니다.

하지만 늦지 않는다 해도, 인간이 위기를 의식하고 산업자본주의, 세계경제시스템을 바꾸는 일에 성공한다고 해도, 그것으로 이 지구가 유토피아가 된다든가, 낙원이 된다든가 하는 그런 달콤한 얘기는 아닙니다. 그런 일은 이미 늦었습니다. 몇년 전인가 한 학생으로부터 들은 말을 빌려 말하면, 우리는 '방사능이 있는 유토피아' 밖에 이룰 수 없습니다. 재난은 이미 진행되고 있기 때문에. 장밋빛 유토피아의 가능성은 20세기에 이미 깨져버렸습니다.

그러나 이미 많이 파괴된 인간의 문화, 자연계에도 이 파괴만 멈추면 희망이 남아있습니다. 그 희망은 문화와 자연의 양쪽이 가진 힘찬 복원능력에 있습니다.

앞에서 말한 것과 같이, 개발에 따라 자연환경이 파괴되고 동식물의 종(種)이 점점 사라져가고 있지만, 그것은 말하자면 진화라는 과정을 거꾸로 거슬러 올라가는 것과도 비슷한 기이한 현상입니다. 생물은 내버려두기만 하면 다양성을 되찾고 종을 늘려가도록 만들어져 있습니다. 사라진 종은 돌아오지 않습니다만, 지금과 같은 파괴를 멈출 수만 있다면 종은 다시 천천히 늘어나기 시작할 것입니다. 파괴보다 훨씬더 많은 시간이 필요한 일임은 물론이지만.

그리고 인간의 문화도 또한 그와 같은 힘을 가지고 있는 것이 아닐까요. 세계화라는 흐름 아래서 지금 약 5,000개 이상의 언어가 절멸의 위기에 직면해 있습니다만, 그와 동시에 다른 곳에서는 언어의 다양화 과정이 진행되고 있는 것도 사실입니다. 물론 앞쪽이 압도적으로 우세합니다만, 뒤쪽 또한 만만찮습니다. 인간의 문화란 그 어떤 탄압만 없으면 자연히 다양하게 발전해가는 것입니다.

구체적인 예를 들면, 두개의 언어가 만났을 때 거기서 공통어로서 세번째 언어가 태어나는 일이 있습니다. 그 언어를 보조어(pidgin)라 합니다만, 그것이 독립된 언어가 된 경우는 혼성(creolized) 언어라 부릅니다. 현재도 아프리카나 남태평양, 카리브해 등에서는 여러가지 혼성언어와 그 문화가 매우 활발한 힘을 보이고 있습니다. 대단한 파괴와 억압의 역사가 있어왔고, 지금도 그것이 계속되고 있는데도 말입니다.

물론 억압이 있어도 괜찮다는 뜻은 아닙니다. 인간에게는 매우 강한 복원능력이 있다는 것 그리고 인간의 문화발전은 '경제발전'과 얼마만큼 다른 것인가 하는 말을 하고 싶은 것입니다.

'식민지주의' → '제국주의' → '경제발전론' → '세계화'로 이름을 바꿔온 탄압의 역사 속에서도 인간의 문화는 그만큼 강인하게 발전해왔습니다. 그것을 생각할 때 문화의 발전을 눌러온 그 힘이 제거되면 세계 속의 문화가 얼마만큼 다양한 힘을 회복해낼 수 있을지 상상이 가능합니다.

그런 의미에서, 상처투성이의 '방사능이 있는 유토피아'지만 희망은 있습니다. 그러나 이 모든 것에는, "만약 늦지 않는다면"이라는 전제가 붙어있습니다.

후기

이미 말했다고 생각되지만, 이 책은 독자들에게 새로운 정보를 전달하기 위한 것은 아니다. 책에 쓰여진 것 가운데는 독자가 이미 알고 있는 것들이 많다. 그래서 이 책을 읽어도 아무것도 얻을 게 없지 않은가 ─ 그럴지도 모른다. 그렇지만 나의 희망은 도리어 이 책을 읽음으로써 독자가 무엇인가 잃어버렸다, 혹은 무엇인가를 뺏겨버렸다고 느끼는 것이다. 다시 말해서, 앞으로 독자가 "생각하는 대신에 상식으로 판단하는" 것이 가능해지는 것을 나는 기대하고 있다.

영국의 위대한 보수주의 사상가 에드먼드 버크에 의하면, 이상 사회라는 것은 그 사회의 상식이 참된 지혜와 윤리에 아주 가까이 근접한 사회이다. 그러한 사회에 살고 있으면 사람들은 지혜와 윤리에 대해서 깊이 생각하거나 번뇌할 필요가 거의 없을 것이다. 사회의 주류에 따르고 있다면, 대체로 자신은 지혜롭고 또 윤리적으로 행동하고 있다는 자신감을 가질 수 있을 것이다.

그러나 오늘날 우리들은 그러한 사회에 사는 행운을 누리지 못하고 있다. 그것이 바로 이 책에서 내가 말하고 싶었던 것이다. (물론 그것은 일본만의 문제가 아니다.) 현재의 사회에서는 소비의 상식에 따르면 자연파괴로 이어지고, 위엄있는 생활을 하는 것도 어렵다. 오늘의 노동에 관한 (회사의) 상식을 따르면 과로사 통계에 이바지하게 되고, 민주주의 정신은 훼손된다. 그리고 주류의 정치 상식에 따르면 민주주의는 더욱더 멀어지고, 전쟁은 자꾸만 더 가까이 다가온다.

이 책은 이러한 위험한 상식에 대신할 새로운 상식을 제공하려는 것도 아니고, 어떠한 이데올로기를 권하려는 것도 아니다. 이데올로기는 버크가 말하는 상식과 닮은 데가 있다. '올바른' 이데올로기를 선택하면 그 이상 생각할 필요가 없어진다. 그것에 따르면 대체로 좋은 결과가 나온다는 '보증'이 붙어있기 때문이다. 이러한 유사성은 우연이 아니다. 왜냐하면 특히 근대 이후의 이데올로기는 상식의 가면을 쓰고 있기 때문이다.

오늘날에는 이데올로기나 그 밖의 장밋빛 사고 속으로 도피하는 것이 불가능하다. 특히 국가가 믿을 수 있다거나, 정부가 정의를 체현하고 정치가 지혜를 갖고 있으며, 회사 경영자가 공공심을 갖고 있다든지, 군대가 평화를 지키고 있다고 믿는 것은 불가능하다. 어린애 속임수같이 뻔한 그러한 낭만적 기분 속에서 우리가 살아갈 수는 없다. 지금이야말로 우리가 하지 않으면 안될 것은, 상상의 세계가 아니라 현실의 세계에 대해서 깊게 생각하는 것이다.

많은 사람들이 이와 같이 현실적으로(타이타닉 현실주의와는 반대로) 생각하게 되면, 비로소 버크가 말하는 이상사회에 가까이 다가가는 게 가능해진다. 즉 물론 지혜나 윤리에 대해서 생각하지 않아도 좋은 사회는 있을 수 없지만, 적어도 보통의 일상생활을 보내더라도 그것이 위험하고 파괴적인 것으로 되지 않는 사회로 전환할 가능성(보증은 아니지만)이 나타날 것이다.

이 책은 헤이본샤(平凡社)의 니시다 유우이치(西田裕一) 씨의 제안으로 실현된 구술기록이다. 나는 며칠 동안 계속해서 그의 질문을 받으면서 녹음기에 대고 "지껄였다". 이 녹음테이프를 가지고 나의 난폭한 일본말을 인쇄 가능한 일본어로 고쳐준 분이 와키사카 톤시(脇坂敦史) 씨다. 내가 직접 글을 쓴 것은 서문, 후기 그리고 그 외 몇군데 보족이지만, 그 원고를 정리해준 사람은 내 파트너 치넨(知念)우시. 그것만이 아니라 이 책의 핵심적인 것 모두가 그녀와 나눈 얘기들이기 때문에 그녀가 생각한 아이디어가 많이 들어가 있다.

마음으로부터 감사하고 있다.

2000년 8월 오키나와에서
C. 더글러스 러미스

아메리카의 '자유'와 확장주의

내가 가르치고 있던 웨스턴 워싱턴 주립대학에서 작년에 조 워싱턴이란 사람을 초대하여 학생들에게 강연을 하게 한 일이 있었다. 이 조 워싱턴이라는 사람은 흔히 알려진, 미국 헌법제정회의의 의장으로 초대 대통령이 된 장군의 후예가 아니라, 어느 지방 '라미 인디언' 부족의 장로이다. 그가 사는 주(州)와 같이 그의 이름도 백인으로부터 받은 것이다.

꽤 많은 학생들이 이야기를 들으러 왔다. 미국에서는 지금 인디언이 아주 '유행'을 맞고 있다. 백인 젊은이들은 인디언에 관한 책을 읽고, 인디언의 옷이랑 장신구를 몸에 달고, 방 안에는 인디언 영웅의 포스터를 걸어놓고 있을 정도이다. 많은 젊은이들이 인디언문명이 가진 가치를 백인문명과 대비하여 논하기를 좋아한다. 조 워싱턴은 부족의 장로로서 그리고 종교지도자로서 알려져 있었기 때문에 학생들은 아마도 감격적인 이야기를 들을 수 있으리라고 잔뜩 기대에 부풀어 모였던 것이다.

그러나 이론상으로 인디언을 추앙하는 것과 실물을 만나는 것은 별개의 것이다. 학생들은 가능한 한 열심히 귀를 기울였지만 결국 그가 무엇을 이야기하는지를 이해하지 못하고 실망하여 돌아갔다.

조 워싱턴은 자신의 부족의 문화가 사멸(死滅)한 데에서 기가 꺾여버린 온순한 노인이었다. 어린아이 때 강제로 미국학교에 넣어져 영어를 배우게 되었다. 그 결과 그는 (인디언의) 말을 완전히 잊어버렸다가 여러 해가 지나 겨우 회복할 수 있었다. 지금은 부족말을 할 수 있는 사람은 그를 포함하여 몇명밖에 되지 않아, 그들이 죽으면 그 언어는 지상에서 사라질 것이라고 조 워싱턴은 말하였다.

미국인은 사물을 이해할 때 아주 한정된 카테고리밖에 갖고 있지 않다. 기독교 전통으로부터는 '죄'라는 것을, 그리고 실용주의 전통으로부터는 '행동'을 배워서 알고 있다. 질문 중에 학생들은 자신들에게 죄가 있다고 그들이 느끼기를 바라는가라고 노인에게 물었다. "아니오"라고 조 워싱턴은 대답했다. "여러분은 이미 그 죄를 돌이킬 수 없는 시대에 태어났습니다. 여러분에게 죄가 없다는 것은 알고 있습니다." "그렇다면 우리들의 도움을 바랍니까"라고 학생들은 되풀이하여 물었다. "아니오." 그는 어렴풋이 측은한 심정을 나타내며 말했다. "여러분이 할 수 있는 일은 아무것도 없습니다."

이것을 듣고 학생들은 웅성거리기 시작했다. 자신들에게 죄의 고백도, 아무런 행동도 요구하지 않는다면, 도대체 왜 그는 이러한 이야기를 자신들에게 하고 있는 것일까.

이 문제는 조 워싱턴이, 말 그대로 보수적이었다는 것도 포함하고 있다. 미국인은 진정한 보수주의, 즉 세대에서 세대로 신중히 이어주는 귀중한 유산으로서 문화를 다루는 전통에 대해서는 아무것도 알지 못한다. 미국에서 '보수주의'라고 하면 산업자본주의를 19세기의 형태대로 보존하는 것에 지나지 않는다. 그런데 산업자본주의 자체가 이제까지 역사적으로 만들어진 문화의 관점에서 볼 때 최대의 파괴자인 것이다. 조 워싱턴이 이야기한 것과 같은 세계는, 역사상 미국 백인이 아무런 기억도 갖지 못한 것이었다.

학생들이 미래에 대해 묻자 조 워싱턴은 과거에 대해 대답했다. "당신의 손자가 어른이 되었을 때 세계는 어떠한 곳이 되어있을 것이라고 생각합니까"라고 어느 학생이 물었다. 그는 잠시 질문자의 얼굴을 응시한 후 온화한 목소리로 다음과 같이 대답하였다.

"저의 조모님은 정말로 저를 사랑해준 오직 한사람이었습니다. 제가 알고 있는 것은 모두가 조모님으로부터 배운 것입니다. 그리고 조모님이 알고 있었던 모든 것은 조모님의 부모님이나 조부모님으로부터 배운 것입니다. 그것이 우리 부족이 살아온 방식이었습니다. 언제까지나 계속되면서, 모든 것은 신에게로 돌아가는 흐름의 한 부분이 우리 부족입니다."

이 대답은 이해되지 않았다. 그래서 다시금 질문이 던져졌다. "50년 후 라미인디언은 어떠한 모습이 되어있을 걸로 생각하십니까?" 이번 대답은 더욱 솔직했다. "50년 후에는 한사람의 라미인디언도 남아있지 않겠지요."

여기에도, 유죄선고를 하든 어떠한 일을 하든, 보상할 수 없는 한 인간집단의 소멸을 이해할 수 있는 사고범주가 미국인의 이데올로기 속에는 전혀 존재하지 않는다. 물론 나도 조 워싱턴을 오해하였을지 모르나, 그는 단지 하나의 단순한 사실을 학생들이 이해해주기를 바랐다고 내게는 생각되었다. 그 사실이란, 그의 전 생애를 지배해왔던 사실, 즉 수천년에 걸쳐 발달해온 더없이 귀중한 성스러운 것이 백인문명의 침입으로 지상에서 말살되려고 하고 있다는 사실이며, 또한 일단 소멸하면 아무리 선의를 가지고 노력을 해도 재건되지 않는다는 사실이다.

모인 학생들은 아까도 말하였듯이 상대적으로 호의적이며 지성을 가진 청중이었다. 그런 그들이 조 워싱턴이 말하려고 했던 것을 전혀 이해할 수 없었다는 것은, 미국인이 자신들의 역사의 의미 그리고 오늘날 놓여있는 역사적 상황의 본질을 이해하는 데 굉장한 어려움이 있음을 말해주고 있다. 이 나라의 발전이 가공할 범죄를 초래하여, 벌써 한계적 상황에 이르렀음을 알아차린 미국인은 점차 늘어나고 있다. 그러나 그들은 어찌하여 그들과 같은 국민이 그러한 범죄를 저질렀는지 알지 못한다. 자기자신의 동기를 헤아려보아도 결백하다고밖에 느끼지 못한다. 선조들이 그렇게 자신과 다른 인간일 수 있을까. 범죄가 이루어졌다고 하면 착오에 의한 것이 틀림없다. 사죄하고 재정적 원조를 베푸는 것 이외의 방법은 없는 게 아닐까. 인디언이 오래된 문화를 잃어가고 있을지라도 무언가 반대급부를 얻고 있는 것이 아닐까. 위대한 민주주의 헌법을 가진 미국은 자유를 원하는 모든 인간에게 그것을 제공하고 있는 것이 아닐까.

그러나 이러한 사고방식은 문제의 복잡성을 드러내고 있는 데 지나지 않는다. 왜냐하면 이곳에서 해답으로 제안된 '자유(liberty)'야말로, (적어도 미국인의 이데올로기가 정의하는 의미에서는) 문제를 구성하는 기본적인 요소이기 때문이다. 미국의 죄악은 미국의 미덕과 뗄 수 없게 연결되어 있으며, 이 나라가 최고의 이상으로 치켜든 것, 즉 '자유'를 재검증하지 않고서는 미국의 확장주의는 이해할 수 없는 것이다.

합중국에서는 자유가 명실상부하게 전 시민의 이상으로 되어있다. 애국자들은 '자유가 넘치는 국토'를 애창하고, 자유의 여신상이나 자유의 종을 나라의 보물로 받든다. 미국 헌법은 "우리와 우리 자손 위에 자유의 축복"을 확보하는 것이 이 헌법의 의도라는 첫머리로 시작되고 있고, 학교에서 생도들이 가슴에 손을 얹고 복창하는 "국기 앞 충성서약"은, 공화제가 "모든 이에게 자유와 정의"를 준다고 하는 말로 끝난다. 이 나라의 이데올로기의 주류는 자유주의(liberalism)라고 말해진다. 그리고 미국 내의 급진적 운동도 같은 낱말을 쓰는 경향이 강하다. 소위 흑인해방(black liberation), 여성해방(woman's liberation), 동성애자해방(gay liberation) 등등.

자유롭게 함(해방, liberation)이라고 할 때, 무엇을 자유롭게 한다는 것일까. 인간은 복잡하고 모순된 성질을 갖고 있는 듯이 보이고, 그 구성요소의 하나를 자유롭게 하면 다른 요소를 억압할 수도 있다. 합중국의 창설은 확실히 무엇인가를 자유롭게 하였지만 문제는 무엇을 자유롭게 했는가이다.

이것은 일반적 흥미를 가진 문제이다. 합중국은 자유주의로 명명된 한 원리의 본질을 시험하는 실험실로 볼 수 있다. (여기에서 내가 말하는 자유주의는 특히 18~19세기에 부르주아계급이 발전시킨 자본주의 이데올로기를 말한다.) 왜냐하면 합중국을 이데올로기적으로도 구조적으로도 합중국으로 되게 하고 있는 것은 유럽의 역사적 기원에서 완전히 동떨어진 리버럴한 요소이기 때문이다. 합중국에는 여지껏 한번도 귀족 혹은 소작농 계급이 있은 적이 없고, 프롤레타리아는 생산하였으나 프롤레타리아의 이데올로기를 생산하지는 못했다. 미국을 통틀어서 부자에게도 가난뱅이에게도 합중국은 자유주의의 나라인 것이다.

이 자유주의의 이데올로기가 유럽에서와 같은 역사적 중압, 완전히 계층화된 사회조직, 교회와 귀족의 지배 등의 요소들이 면제된 새로운 세계에 폭발적인 에너지를 가져왔다. 여기에서 자유주의는 자연과 직접 싸우게 되었다. 자유주의의 성격을 시험하는 데 이보다 더 좋은 조건이 있겠는가.

이것은 미국역사의 패턴(확장과 정복의 역사)에서 분명하게 볼 수 있다. 물론 많은 역사서들은 적어도 최근까지는 그렇게 기술(記述)하지 않았다. 태평양 연안까지 국가가 확장된 것은 보통 정복이라고 하기보다 '성장'과 '진보'로 표현되고 있다. 이렇게 기술함으로써 아메리카인디언은 마치 존재하지 않았던 것처럼 취급하는 것이 가능해졌던 것이다.

물론 역사책이라면 인디언에 대해 언급하지 않을 수는 없다. 미국의 역사가들은 인디언의 '역사적' 존재는 없었던 것으로 하는 기술을 발달시켰다. 역사책 중의 인디언은 서부극에 나오는 인디언과 같은 역할을 하고 있고, 이국정서와 모험담이 섞인 이야기 속에서 백인의 용감함을 입증하는 수단으로서 기능하고 있다.

인디언도 인류의 성원이란 전제에서 출발한다면 1492년의 콜럼버스의 침입 이래의 구미의 역사는 인디언의 토지에 대한 조직적인 정복과 점령의 역사로 된다. 더욱이 주위의 자연을 인디언의 눈을 통해서 보면 미국인이 쓴 문장 속에서 끊임없이 나타나 진부한 것이 되어버린 '자연의 정복'이나 '자연의 개발'이란 표현도 새로이 사악한 의미를 띠게 된다. 인디언의 입장에서는 광대한 삼림을 벌채하고 조상의 묘를 파헤치고 야생동물을 학살하고 자신들을 부족의 토지로부터 몰아낸 것은, 신성하고 영원한 것의 파괴이며 세계 그 자체의 말살이었다. 침략에 항거하여 자신을 지키는 데 있어서 인디언의 최대 약점은 그들이 유럽인의 의도와 활동을 이해하지 못했다는 사실이었다. 유럽인의 활동양식을 이해하지 못했다기보다 유럽인이 무엇을 노리고 왜 그것을 노리는가가 인디언에게는 결코 파악되지 않았던 것이다. 강철도끼의 사용법은 쉽게 이해가 되어 자신들의 목적에 맞추어 썼다. 태평양 연안의 북서부에 있는 아름다운 토템 기둥은 인디언이 강철도끼를 손에 넣은 성과이다. 그러나 도끼를 사용하여 숲 전체를 찍어 넘긴다는 것은 인디언으로서는 결코 생각할 수 없었다.

당시 아메리카에 온 유럽인은 확실히 속박에서 자유로워졌으나 그 내용은 중요한 의미를 가진 것이었다. 인종주의자였던 그들은 인디언을 인간으로서 대접할 필요성을 느끼지 않았고, 거칠 것이 없었다. 인디언도 인간이라고 인정하였더라면 영토 확장은 틀림없이 엄하게 억제되었을 것이다. 또한 어떠한 윤리적 거리낌도 없이 아프리카인을 노예로 수입할 수 있었던 것도 이 인종주의 덕택이었다. 더욱이 유럽의 토양과 유대를 끊고, 또 낯선 대륙으로 건너와 찾아낸 토지에서 새로운 관계를 만들어내는 일도 거부함으로써, 그들은 자연 속에서 뿌리를 내리지 않고 자연으로부터 유리된 태도를 몸에 지니게 되었는데, 이로써 어떻게든 자신이 원하는 대로 자연을 고치고 폐기하는 것이 가능해졌다.

이러한 특징은 신천지에 침입해 온 모든 유럽인 — 스페인인, 포르투갈인, 프랑스인, 독일인, 영국인 — 들에 공통적이었다. 그러나 이윽고 영국에서 온 식민자들에 의해 지배된 지역이 독특한 성격을 지니기 시작했다. 한편으로는 영국문명이 가진 독특한 성격에 힘입은 바이기도 하겠지만, 보다 중요한 점은 영국 출신 이민자가 주로 귀족도 군인도 아니었고 새로운 중산계급에 속한 사람들이었다는 사실이다. 이 사람들이 자유주의라는 새로운 이데올로기와 문화를 가져왔던 것이다.

19세기에 저술된 책 중에 이런 것이 있다. 1831년 알렉시스 드 토크빌은 아메리카를 방문하여 그 견문으로 《미국의 민주주의》라는 위대한 저작을 남겼으나, 이것과 별도로 그는 여행 중에 〈황야에서의 2주일〉이라고 제목을 단 짧은 에세이를 썼다. 이 에세이는 토크빌이 프론티어(개척지와 미개지의 경계)에 가까운 한 지역을 여행한 직후에 쓴 것으로서, 전편(全篇)은 그가 거기에서 맞닥뜨리게 된 '새로운 인간'에 대한 경악의 기록이다. 전형적인 개척민을 토크빌은 다음과 같이 묘사하고 있다.

(…) 생활의 노고에서 온 주름이 잡힌 이 남자의 용모는 실제적인 지성을 드러내고 있고, 한눈에 보아 사람을 압도하는, 비정하게 철저히 해치우고야 마는 에너지를 보여주고 있다. 동작은 완만하고 침착하며 말씨에는 상대방에 대한 배려가 있고 외관은 소박하다. 습관과 그것 이상으로 긍지가 그러한 금욕주의적 평정성을

그의 외관에 부여하고 있었으나 그의 행위는 외관을 속이고 있다. (…) 부를 획득하기 위해서는 변경생활이나 황야에서의 생활이 갖는 고독과 가지가지의 고초도 아무렇지 않게 여긴다. 맨흙 위에서 자며 숲속의 열병, 인디언의 토마호크(도끼)의 위험도 무릅쓴다. 이러한 노력은 하루이틀이 아니며, 몇년간이나 같은 날을 맞이하며 왔다. 아마 20년 이상이 되더라도 아무런 실망과 불만을 입밖에 내지 않고 견뎌낼 것이다. 그렇기는커녕 그는 속에서 타오르는 열화 같은 정열과 집념으로 자신을 소진시키고 있는 것이라고 인식해야만 되지 않겠는가. 재산을 획득하는 것을 유일한 목적으로 혼신을 다하는 이민은 결국에는 완전히 다른 존재양식을 창출하기에 이른 것이다. 가족에 대한 감정조차도 극단적인 자부심에게 삼켜져버렸으며, 처자도 자신의 분신 이상의 것으로 간주하고 있는가조차 딱히 말할 수 없다. 동료들과의 흔한 교류도 박탈당해, 고통을 통해 즐기는 길을 배웠던 것이다.

프랑스 상류계급이란 배경과, 비범한 관찰력을 결합하여 토크빌은 일찍이 어느 누구도 주목하지 못한 곳에서 미국사회의 성격을 파악하고, 그것이 이 세상에서 완전히 새로운 것이라는 것을 이해할 수 있었던 것이다. 또한 그는 종종 말해지는 것처럼 노골적인 아메리카 예찬론자는 아니었다. 물론 감복할만한 일들도 발견하였으나 개척자를 묘사하는 그의 기술은 전율에 가까운 두려움에 차있다.

이 미지의 인간은 '신천지'의 미래를 떠맡을 인종의 대표이다. 이 인종은 끊임없이 활동하고, 빈틈이 없으며, 모험가이며 정열의 불꽃이라고밖에 설명할 수 없는 행위를 거리낌없이 착수한다. 또한 모든 것을 거래하며, 도덕이나 종교조차도 제외하지 않는다.

　정복자로 구성된 국민은 야만인의 생활을 그 매력에 빠짐이 없이 묵묵히 지속하여, 문명, 개화 가운데서도 행복에 쓸모가 있는 것만을 신봉하며, 도끼와 신문을 손에 쥐고 아메리카의 고독의 한가운데 침잠해 있다. 모든 위대한 국민과 마찬가지로 오직 하나의 생각만을 갖고 노동의 유일한 목적인 부의 획득에 매진하는 국민이다. 이 국민이 몸에 터득한 끈기와 생활을 돌아보지 않는 태도는 가히 영웅적이라고 할 수 있으나, 단 덕행 이외의 노력에도 영웅적이란 낱말을 써도 무방할 때에 한한다. 이 국민은 방황하는 국민이며 강이나 호수도 그들이 가는 곳을 막지는 못하며, 그들의 앞에서 숲은 넘어지고 평원은 그림자로 뒤덮인다. 그리하여 태평양 연안에 도달하면 그들은 다시 이전의 발자욱을 되짚어 그곳에 형성된 사회를 괴롭히며 파괴할 것이다.

　이 미지의 인간이 이전에 살고 있었던 토지 — 그것보다 차라리 침입할 때 자기가 통과해온 토지 — 로부터 완전히 동떨어져 있다는 것은 동물조차도 감지하고 있었던 모양이다. 어느 개척자는 토크빌에게 다음과 같이 말하고 있다. — "큰 동물은 300마일이나 저편에 있어도 우리가 접근하는 것을 냄새 맡지요. 그래서 그놈들이 퇴각하면 우리 눈앞에는 이를테면 일종의 사막이 남아있습니다. 이곳에 있는 불쌍한 인디언은 토지를 개간하지 않으면 살아갈 수 없습니다."

　이러한 글이 보여주고 있는 것은 확장과 정복이 단순히 미국사의 우연한 사실이 아니라 미국인의 정치, 사회, 심리가 지니고 있는 근본적이며 구조화된 요소라는 사실이다. 토크빌이 묘사한 '미지의 인간'이란 자신이 가지고 있는 그 외의 모든 재능을 희생시키면서 부에 대한 집착, 확장하는 자유를 수용하고 스스로를 정복의 도구로 개조한 인간인 것이다. 동시에 이 인간이야말로 미국인이 지닌 자유(liberty)의 개념에 꼭 들어맞는 모델이며 오늘날에 와서조차 이 나라의 민화(民話)에서 로맨틱한 인간, 칭찬받아야 할 인물로 그려지고 있다. 다른 관점에서 말하면 미국인의 해방(liberation)의 관념은 소외와 구별하기 어렵다. 사회의 성원에 고유한 억제로부터의 소외, 자연으로부터의 소외, 부와 재산을 손에 넣겠다는 욕망을 한정시키는 인간적인 감정이나 소질로부터의 소외가 미국인에게 자유를 의미하는 것이다.

해방에 대한 이러한 정확한 관념은 합중국 헌법 속에 용의주도하게 쓰여있다. 두가지 이유에서 헌법의 이러한 측면은 여기서 간단히 재검토할 가치가 있다. 첫번째로 그것은 해방의 개념이 갖는 구조를 더욱 자세히 비쳐볼 수 있게 한다. 그런데 두번째로 헌법은 이러한 특성을 반영할 뿐만 아니라 그것을 산출하여 유지하는 것을 도와왔다. 헌법은 미국인의 생활에 어떤 일정한 정치구조를 심어넣어 그 속에 미국식 정치용어, 미국식 인격과 스타일을 고정시켰다. 헌법의 기초자들을 '건국의 아버지'라고 부르는 것은 단순한 비유가 아니다.

합중국 헌법에 관한 철저한 분석은 헌법 집필자 중 세사람의 손으로 이루어졌다. 그것은 제임스 매디슨, 알렉산더 해밀턴, 존 제이 세사람이 뉴욕주에서 헌법 승인을 얻으려고 후에《연방주의자》라는 논문집으로 불리게 되는 일련의 논문을 뉴욕의 어느 신문에 발표한 것이다. 세사람은 공동 필명으로 '퍼블리우스'란 이름을 사용하였다. 초기의 일련의 논문은 해밀턴이 썼다고 전해져 오며, '시저'란 아호(雅號)가 붙여져 있으나 큰 성공을 보지 못하고 중지되었다.

《연방주의자》제1논문에서 해밀턴은 다음과 같이 쓰고 있다.

(…) 이 나라의 인민에게는 그 행위나 모범으로써 중요한 문제에 결단을 내리는 일이 보류되어 있다고 생각된다. 그 문제란 인간의 사회에는 실제 반성과 선택에 기초해 좋은 정부를 확립할 능력이 있는가, 혹은 영구적으로 우연성과 폭력에 기초한 정체(政體)를 갖도록 운명지워져 있는가에 대한 물음이다.

해밀턴의 말에는 긴박감과 흥분이 나타나 있는데, 이것은 이 역사적 순간의 특이한 성격을 반영하고 있다. 독립전쟁에서 이긴 미국인은 스스로의 정치제도를 돌연히 선택하지 않으면 안되었다. 헌법제정회의에 소집된 대표들은 헌법 제정 이전의 아메리카 각 지역을 통치하고 있던 '연합규약'을 수정하는 권한만을 부여받고 있었다. 그러나 그들은 이러한 한계를 무시하는 쪽을 선택하여 근본적으로 완전히 새로운 정치체제를 창출하려고 하였다. 유럽의 정치철학을 면밀히 연구한 대표도 많았다. 이것이야말로 역사가 드물게 주는 기회였고, 새로운 정치질서의 창건에 지식과 힘을 실어넣을 호기였다.

그 반면 이런 점에 대해 지나치게 로맨틱해지지 않는 것이 중요하다. 그들 헌법제정자들은 부유한 지주계급을 대표했으며, 그들이 연합규약하에 있었던 정부에 대해 가지고 있던 불만의 하나는, 이 나라가 비즈니스와 이익을 위해 가장 적합하도록 조직되어 있지 않다는 것이었다. 더욱이 그들은 민주주의자들이 아니었다는 것도 잊어버리기 쉽다. 민주주의는 반대 정당이 요구한 것이었지 헌법제정자들의 주장이 아니었다. 그들의 의중에 있었던 것은 민주정치의 창설과 같은 것이 절대로 아니었고, 차라리 공화제가 의도되었다. '민주주의'가 미국의 한 정당이 아니라 미국정부 전체의 대명사로서 사용되기 시작한 것은 19세기에 들면서부터이다. 합중국 정부를 '민주정체'로 부르는 것은 현재의 영국정부를 '사회주의'로 부르는 것과 같은 것이다.

헌법제정회의 참가자들이 인간성에 대해 이상주의적인 관점을 취하지 않고 극히 뿌리깊은 비관주의자들이었다는 것도 사실이다. 《연방주의자》의 저자들이 누누이 열의를 바쳐 논하고 있는 것은 인민에게는 스스로를 직접 통치할 능력도 덕도 없다는 것, 강력한 중앙정부의 관리하에 놓지 않으면 이 나라는 큰 불행에 빠질 것이라는 것이다. 해밀턴의 유명한 발언 — "각하, 인민이란 것은 거대한 짐승과 같은 것입니다" — 은 많은 사람의 심정을 표현하고 있다.

헌법제정자들이 보고 있었던 것처럼 정치의 역사는 지배, 전쟁, 배신, 실패의 역사였다. 공화정체는 거의 없었고, 자유도 극히 드물었다. 그러나 가령 그것이 그때까지의 정치의 사실이었다 하더라도 어떻게 대응할 것인가의 문제는 남는다. 실패의 기록밖에 없는 역사에 헌법제정자들은 어떠한 이유로 자신들은 성공할 것이라고 주장했던 것인가. 그들이 내놓은 답은 흥미있는 것이었고,

게다가 진실로 미국식이었다. 그들은 역사 과정 중에 인간의 성격은 개선되었다는 주장에 입각하여 새로운 공화정체를 건설하는 길을 찾지 않았고, 또한 역사적 체험을 돌아보거나 사회구조를 수정하거나 새로운 사회계약을 맺어 국민을 하나로 결집시키면 정치적 덕은 개선될 것이란 기대는 한조각도 품지 않았다. 그들은 정치적 덕의 개선이 아니고, 해밀턴이 《연방주의자》 제9논문에 쓴 '정치학'의 개량에 희망을 걸었다.

그들이 기대를 걸었던 '정치학의 개선'은 당시 유럽의 진보적인 철학자, 경제학자가 발전시키고 있던 새로운 식견에 기초한 것으로, 환언하면 정치적 · 경제적 질서를 창출하는 비밀은 인간의 품성을 높이거나 닦는 노력을 방기하는 것에 있다고 하는 것이었다. 그 반대로 인간의 이기주의, 비천함, 탐욕 등은 그대로 두어야 하며, 이러한 사적인 악덕이 창출하는 에너지를 이용하여 자동적인 절차를 거쳐 공익으로 바뀌게 하는 정치적 · 경제적 메커니즘을 창출하여야만 한다고 이 새로운 정치학은 주장한다. 단적으로 말해 '새로운 정치학'은 조작의 과학이었다.

제임스 매디슨은 '합중국 헌법의 아버지'로 충분히 불릴만한 인물이다. 그는 이 헌법을 구성하게 한 이론에 관해서는 누구보다도 많은 공헌을 하였으며, 또한 그의 논문, 특히 제10논문과 제15논문은 연방주의자가 쓴 것들 가운데서도 특히나 많은 것을 가르쳐주고 있다. 제10논문은 《연방주의자》에 수록된 논문들 중에서 매디슨의 손으로 쓰여진 최초의 논문인데, 다음과 같이 시작하고 있다.

확고히 짜맞추어진 연방에는 많은 유리한 점이 약속되어 있으나 그중에서도 도당(徒黨)의 폭력을 타파하고 제어하는 경향 이상으로 더 정확하게 발전시킬 가치가 있는 것은 없다.

여기서 매디슨이 말하는 '도당'이란 공통의 이익을 확대하려고 손을 잡은 사람들의 집단을 의미한다. 특유의 기묘하게 기계적인 방식으로 매디슨은 어떻게 하면 이러한 집단을 '타파하고 제어할' 수 있는가에 대해 자신의 유명한 단계적 논법을 전개하고 있다.

첫째 '도당이 초래할 손해'를 제어할 수 있는 방식에는 두가지의 가능성이 있다고 매디슨은 말한다. 그 원인을 제거하든지 혹은 그 결과를 억제하는 것이다. 원인을 배제하는 것에도 두종류의 방법이 있다. 첫째는 자유를 완전히 파괴해버리는 것이다. 그의 생각으로는 이것은 너무나 대가가 크다. 두번째는 전부를 균일하게 하는 것이다. 그러나 이것은, 인간으로부터 다양성이라고 하는 특성을 제거해버리는 것은 불가능하므로, 실현 불가능하다고 매디슨은 판단하고 있다. 특히 "재산을 획득하는 능력도 제각기 다르며 평등하지 않으므로 … 소유하는 재산의 정도나 종류도 당장에 상이한 결과로 된다. 그리하여 재산 소유주 개개인의 감정과 사물을 보는 방식도 재산의 크고 작음과 종류에 따라 좌우되므로 사회는 각종의 이해(利害)와 당파로 분열된다."(제10논문) 이리하여 합중국 헌법의 기반이 된 원리는, 부자와 가난뱅이로 사회가 분열되는 것은, 그 결과인 이해의 분열과 함께, 자연스러우며 제거하기 힘든 것이라는 가설 위에 서있다는 것을 알 수 있다.

당파가 생기는 원인은 제거하기 힘들다 해도 그 영향력의 제어에 관해서는 희망이 남아있다. 도당이 소수파이면 문제는 간단하다. 선거로 패배시키면 된다. 그러나 만일 도당이 다수파라면 어떻게 할 것인가라고 매디슨은 묻는다. 이것은 현실적인 문제이다. 왜냐하면 매디슨의 그룹이 '타파하고 제어'하려고 하고 있던 '도당' 자체 — 환언하면 민주주의를 주장해 마지않는 비(非)지주계급 — 가 실제로 다수파였던 것이다.

바로 이 점에서 매디슨은 새로운 헌법이 해결하려 했던 주요 문제에 정의(定義)를 내리고 있다. 즉 이 헌법은 다수파가 권력을 쥐는 것을 막고, 그가 '민중의 정부'라고 명명한 것을 수호한다는 것이다.(이 역설적인 공식은 오늘날에도 미국의 체제 내 정치학자들에 의해 되풀이되고 있다. 그들은 민주주의를 '엘리트에 의한 지배'로 정의한다.) 다시 한번 매디슨은 이 목적을 수행하는 방법으로서 두가지의 길을 제시하고 있다.

다수파 내부에 동시에 존재하는 같은 정열과 이해(利害)를 틀어막든가, 아니면 이러한 정열과 이해를 공유하고 있는 다수파가 그 수나 지방의 상황에 따라 압제에의 책동에 협조하거나 그것을 실행에 옮기는 일을 막지 않으면 된다. (제10논문)

단적으로 말하면 분할하여 통치하라는 것이다. 매디슨은 이어 이 헌법이 어떻게 계통적으로 정부나 사회의 내부에 수많은 분할을 확립하려고 하는가에 대해 쓰고 있다. 그 의도는 그렇게 함으로써 대정당의 형성을 방해하고, 아니면 형성되었다고 해도 그 의지를 달성하려는 노력을 저지하는 데 있다. 그 방법의 첫번째가 대의원제이며, 매디슨은 이것을 직접민주주의보다 낫다고 말하고 있다. 대의정치체제는 정치의 의지와 정치행동을 분할하여, 시민들의 정치적 행동이란 후보자에게 투표하거나 그 밖의 지원을 하는 데 한정되어야 한다고 역설하는데, 이것은 오늘날 대다수의 미국인이 하고 있는 것과 완전히 동일하다. 매디슨은 나아가 대의원은 투표자보다 공공심(公共心)이 풍부할 것이라고 말하였으나 그것이 항상 진실이라고 단언할 용의는 전혀 없었다. 따라서 다음 단계에서는, 가령 선출된 대의원이 "당파심이 강한 기질, 지방적 편견, 사악한 의도를 가진 인간"(제10논문)이라고 할지라도 정부의 기구는 이러한 '입력'을 공익을 반영한 '출력'으로 바꾸어내는 방식으로 운영되도록 조정하는 일을 하지 않으면 안되었다. 여기에서도 취해야 할 방법은 분할이다.

　　모든 권한은 사회로부터 파생해 사회에 의존하는 반면, 사회
　　그 자체는 수많은 부분, 이해, 시민 속의 여러 계급으로 천갈래
　　만갈래로 나뉘어질 것이다. (제15논문)

　사회 속에 이렇게 많은 적대하는 집단들을 만드는 것이 반드시 필요하게 된 것은 국가가 확대되었기 때문이다. 역사적으로는 공화국은 작은 것이었지만, 새로운 정치학에서는 큰 공화국이 필요하게 되었다.

　세력권을 확장하면 당파나 이해도 한층더 다종다양하게 된다. 전체 안의 다수파가 공통의 동기를 가지고 다른 시민의 권리를 침해할 가능성도 작아지게 된다. 혹은 가령 이러한 공통의 동기

가 존재하더라도 자신들이 가진 강점을 발견하여 서로 일치하여 행동하는 것은 점점 어려워질 것이다. (제10논문)

이리하여 '영토 확장'도 또한 이 나라의 기본 법전인 헌법의 구조의 일부가 되어있는 것을 알 수 있다. 더욱이 이 확장주의는 통일적인 정치행동을 더욱 불가능하게 함으로써 시민에 대한 지배를 강화하는 체제와 복잡하게 얽혀있는 것이다.

마지막으로 정부 자체의 내부에서의 정책결정도 여러개의 부분으로 분할되어 각 부분은 제각기 다른 부문에 할당되고 있다. 즉 이것이 그 유명한 '억제와 균형의 제도'이다.

야심은 야심의 배후를 찌르지 않으면 안된다. 그 인간의 이해는 헌법에 의해 정해진 지위상의 권리와 결부되지 않으면 안된다. 정부의 폐해를 억제하기 위해 이러한 대책을 필요로 하는 것은 인간의 본질에 대한 반성 때문인지도 모른다. 그런데 인간성에 대한 최대의 반성이 없이 정부에 무슨 의미가 있겠는가. 인간이 천사라면 어떠한 정부도 불필요할 것이다. (제15논문)

제임스 해링턴은 미국의 건국자들에게 영향을 끼친 정치철학자의 한사람인데, 그는 그의 저서 《오시아나 공화국(The Common-wealth of Oceana)》 속에서 바른 정부의 달성이 불가능에 가까운 것은 두명의 욕심쟁이 소녀가 하나의 케이크를 자르고 있는 이야기에서 그 이유를 찾을 수 있다고 논하였다. 그러므로 일을 두부분으로 나눈다는 규칙을 세워놓고, 한명의 소녀에게는 케이크를 자르게 하고, 또한명의 소녀에게는 원하는 쪽을 먼저 고르게 한다면 탐욕의 본질을 바꾸지 않고도 '바른' 결과를 산출할 수 있다. '반대입장의 적대하는 이해관계를 통해서 좋은 동기의 결여를 보완하는 정책'이라고 매디슨은 《연방주의자》의 제15논문에서 명명하였으나, 이 정책이야말로 미국 국민성을 설명하기에 충분하며 또한 동시에 자유에 관한 미국인의 개념을 정의하고 있는 것이다.

헌법기구가 실제로 시민을 위하여 하고 있는 것이 있다면, 그것은 시민들에게 그들의 이기적 동기를 고칠 필요를 면제해준다는 것이다. 합중국 헌법은 탐욕스럽고 사리사욕을 위한 행동을 막는 방책을 마련하고 있을 뿐 아니라 실제로 그 적절한 운용에서는 탐욕과 사리사욕에 의존하고 있다. 이것은 만일 그렇지 않다면 설명할 수 없는 사실, 즉 미국에서는 인간성에 관한 냉소적인 견해가 애국주의와 결부되어 있으며, 이상주의는 파괴적이라고 일반적으로 간주되고 있는 사실을 설명해준다.

합중국 헌법은 인간의 문제를 기술적으로 해결하려 하는 최초의 또한 최대의 본보기이다. 사회의 공익에 대한 책임을 떠맡을 대규모의 정부기구를 창출함으로써 건국자들은 인간성에 대한 가장 편협하고 범용한 해석을 마음대로 적용하였고, 그 결과 미국인들은 자유로이 토크빌이 말하는 '취득의 영웅'이 될 수 있었던 것이다. 따라서 취득지향성, 확장주의, 거기에서 오는 정복은 결코 우연한 일이 아니라 미국의 정치, 사회, 미국인의 성격이 갖는 기본적인 구성요소인 것이다. 확장주의가 의식적인 정책의 결과라고 하기보다는 제도의 운용에서 자동적으로 생기는 결과로서 사회구조 속에 편입되어 있다는 사실은 이 확장주의가 갖는 독특한 불가시성(不可視性)을 설명해준다. 토크빌이 쓴 가장 강력하고 신랄한 문장의 하나에서 그는 이것을 스페인인의 방식과 대비하여 다음과 같이 쓰고 있다.

스페인사람들은 들짐승을 대하는 것처럼 경찰견을 부려 인디언을 추적하였다. 그들은 신천지를, 강습(強襲)으로 함락된 도시와 같이 아무런 분별도 자비심도 없이 약탈하였다. 그러나 파괴는 언젠가는 종말을 고하지 않으면 안되며, 광란적인 행태에도 한계가 있다. 대학살을 피하여 살아남은 인디언 종족은 정복자들과 교류하여 이윽고 정복자들의 종교와 생활양식을 받아들였다. 이에 반해 원주민에 대한 연방 미국인들의 행동은 법률상의 정식 절차에 이상할 정도로 집착하고 있는 것이 눈에 띈다. (…)

스페인인들은 비할 수 없이 잔학무도한 짓을 저질러 자신들의 이름을 씻을 수 없는 치욕으로 더럽혔으나 그럼에도 인디언 종족을 절멸하지는 못했으며 인디언의 여러 권리를 박탈하는 데도 성공하지 못했다. 그러나 합중국의 미국인들은 이 두가지 목적을 아주 훌륭한 솜씨로 평온하게 합법적으로, 박애주의적으로, 피를 흘리는 일도 없이, 또한 세계의 이목 앞에서 도덕의 원칙을 깨트림 없이 완수했던 것이다. 인도(人道)의 법칙을 이 이상 존중하면서 인간을 파멸시키기란 불가능하다.

— 《미국의 민주주의》

말할 것도 없이, 토크빌은 19세기 후반의 저 장렬한 인디언 전쟁이 일어나기 전에 이것을 쓰고 있다. 더욱이 그는 그 당시조차 인디언 절멸책이 갖고 있던 '평화적' 본질을 과장하고 있다. 그러나 이 역설적인 문장에서 토크빌은 미국식 정복의 성격의 근본적인 요소를 잘 파악하고 있다. 스페인식의 정복은 문명인으로서의 행위에 확실히 어긋나고, 모든 사람의 눈에 의심의 여지가 없이 잔혹하며, 따라서 무한히 지속한다는 것은 불가능했다. 미국인의 정복은 광란(狂亂)도 없고 언제나 합법적인 정치질서의 테두리 안에서 수행되어, 실질적으로는 눈에 보이지 않는 — 특히 미국인 자신에게는 보이지 않는 — 형태로 이루어졌다. 미국의 확장주의가 가진 이 '합법성', 불가시성, 제도적 본질은 그들의 확장에는 어떠한 한계도 내재하고 있지 않다는 것을 의미하였다.

이것은 또한 미국인 자신이 역사상의 잔해(殘骸)를 보고 "도대체 왜 이런 일이 일어났을까", "이 '내가' 무언가 나쁜 짓을 했단 말입니까"라고 순진하게 묻는 기이한 '무지'에 대한 설명도 된다.

조 워싱턴의 강연이 마칠 때쯤 되어 한명의 말쑥한 얼굴을 한 1학년 학생이 손을 들고 큰 소리로 질문했다. "인디언은 무엇을 바라고 있습니까?" 청중은 당황하여 수근거렸지만 노인은 조금의 주저도 없이 이렇게 대답하였다. "아, 그것은 간단합니다. 우리들은 자신의 땅을 돌려받고 싶습니다." 드문드문 박수가 나왔으나 다른 사람들은 침묵하였다. 조 워싱턴은 꽤 한참 동안 주저하더니 이어서 말했다. "저를 오해하지 말아주십시오. 그러한 일이 가능하지 않다는 것은 우리도 알고 있습니다. 당신들에게는 이미 돌아갈 곳이 없다는 것도 알고 있습니다. 그러므로 걱정하지 마십시오. 그러나 우리가 무엇을 바라는가라고 묻는다면 땅을 돌려받고 싶다는 것입니다."

이 대답으로 청중은 다시 한번 당혹감을 느꼈다. 가질 수 없는 것을 알면서 원한다고 하는 것은 실용주의의 관점에서 보자면 무익한 것이며, (지금까지는) 한번도 완패한 경험을 맛보지 못한 국민의 입장에서는 모순에 다름없는 말이다. 이 남자는 무엇 때문에 수수께끼와 같은 말을 입밖에 내는 것일까 … 우리들을 놀리려고 하는 것일까라고 청중은 미심쩍어했다.

　미국국민은 자신들이 무엇을 하였는가를 전혀 이해하지 못한다. 자기 나라가 해외에서가 아니라 자신의 영토 내에서도 하나의 제국이라는 것을 이해하지 못한다.

　이 나라의 자동적인 확장 경향은 거기에 제약을 가하려는 어떠한 것에 대해서도 반대해왔으며, 또한 토크빌이 예언한 것처럼 확장과 손을 잡은 에너지는 국내로 향해져 사회 내부의 혼란과 분열의 증대에 기여해왔다. 미국이 앓고 있는 병은 '선의'로는 고칠 수 없다. 정복욕이 사회구조나 국민성 속에 얼마나 깊이 뿌리박혀 있는지를 스스로가 알 수 있게 될 때까지는 미국국민은 자신이 살고 있는 토지, 그 토지의 정당한 주인 그리고 세계의 대다수 인민들로부터의 깊은 소외를 극복하지 못할 것이다. (김춘화 옮김)

(출전 - 《イデオロギーとしての英會話》, 東京 : 晶文社, 1976)

영어회화의 이데올로기

일본에 와보기 전에는 '영어회화(English Conversation)'라는 말을 그 어디서도 들은 적이 없었다. 물론 이 두 낱말이 어떻게 해서 복합명사화하게 되었는지, 그것을 이해하지 못할 바는 아니다. 그러나 일본인들이 쓰는 영어회화라는 표현은 그것이 영어로 대화를 나눈다는 것 이상의 의미를 내포하고 있다는 점에서 모종의 슬로건적 느낌을 풍긴다는 것 또한 사실이다. "영어로 말하는 법을 배우고 싶다"는 것이 아니라 "영어회화를 하는 법을 배우고 싶다"라는 우리가 종종 접하게 되는 문장은, 많은 영어선생들의 순진한 생각과는 달리 결코 중복적인 표현이 아니다. 영어회화라는 표현에는 단순히 언어훈련이라는 뜻만 아니라 어떤 세계관까지도 담겨져 있기 때문이다.

미국식 약국과 햄버거 이야기

일본에 있으면서 내가 처음으로 영어를 가르치는 일자리를 얻게 되었던 것은 1961년의 일이었다. 나는 곧 이것이 매우 난감한 일이라는 것을 깨달았다. 그 후에도 외국어학원, 회사, 대학 등지에서 간간이 영어회화라는 것을 가르치게 되었지만, 예나 지금이나 사정은 마찬가지이다. 영어회화를 가르친다는 교실을 들어설 때마다 심란하고 어색한 느낌을 도저히 떨쳐버릴 수 없는 것이다.

한 3년 바깥엘 나갔다가 다시 일본으로 돌아온 작년 가을, 나는 도쿄에 있는 주요 외국어학원들의 회화반을 둘러보았다. 판에 박힌 듯한 강의가 조금도 다름없이 계속되고 있었다. 하얀 벽에는 예의 그 디즈니랜드 포스터가 붙어있었고, 다섯명의 젊은 사무직 여성들이 얌전을 빼고 나란히 한줄로 앉아있었다. 미국인 여자선생이 맞은편에 앉아있었다. 그 앞에서 그 여성들은 다음과 같은 레슨을 합창하고 있었다.

A : Let's stop in this drugstore a minute.

B : OK. I'd like to go in and look around. We don't have drugstores like this in Japan. We only sell medicine.

A : Well, you can get medicine here, too. See that counter over there? That's the pharmacy department. The man who wears the white coat is the pharmacist.

B : Look at all the other things here, candy, newspapers, magazines, stationery, cosmetics. In Japan we don't see such things at the drugstore.

(…)

A : Shall we go to the soda fountain?

B : What's the soda fountain?

A : Well, most drugstores have a soda fountain where you can get icecream, soft drinks, sandwiches and so on.

B : OK. Let's go. I'm hungry. I'd like to get a hamburger and a milkshake.

나는 이 여섯명의 인간이 서로의 사이에 무슨 뚫을 수 없는 벽 같은 것을 두고 서로를 진지하게 응시하며 이런 문장들을 복창하는 것을 보면서, 마치 초현실주의 영화의 한장면을 보는 듯한 착각 속으로 빠져들었다. 도대체 이 나라에서는 이러한 허구의 미국식 약국과 거의 전설적이라고도 할 수 있는 '진짜' 햄버거 이야기에 얼마나 많은 시간을 허비해왔던가? 정작 가치있는 이야깃거리가 이 밖에도 얼마나 무궁무진할 텐데 이런 내용이 계속 반복되다니, 이것은 미국문화의 진면목을 소개하는 것이 아니라 미국문화의 빈곤성만을 과시하는 격이 아닌가?

그리고 만약 이 회화반 수강생들을 이 같은 미국의 문화적 불모성에 대해 혐오감을 느끼게 하지 않고 영어회화학원으로 잡아끄는 이유가 바로 이 끝없이 계속되는 약국, 슈퍼마켓, 드라이브인 영화관, 햄버거 판매점 이야기들 때문이라면, 이거야 참으로 낯간지러운 일이 아닌가? 그런데도 이런 처지를 문제시하는 미국인 선생들은 별로 없다. 이곳 외국인 사회에서 영어를 가르친다는 일이 무슨 보람이 있는 일로 간주되지는 않지만, 그저 쉬운 돈벌이라는 생각에 그대로 넘어간다는 것이 사실이다. 맡은 바 일을 양심적으로 하려는 선생들도 소수 있다. 그러나 대개는 그럴 필요까지 있겠느냐는 투다. 그저 꼬박꼬박 강의실에 들어가 이런저런 이야기로 시간만 때우면 그만이라는 사고방식이다. 일주일에 한시간 미국인과 직접 접할 수 있다는 것 자체가 수강생들이 돈을 내는 이유가 아니냐 하는 것이 이런 선생들의 암묵적 생각인 것이다.

그들의 평생소원은 영어회화 구사

1961년 여름 나는 이미 여러달을 일본에서 보냈던 터였다. 그때 돈이 떨어진 나한테 어떤 친구가 쉬운 일자리가 하나 있다는 것이었다. 영어를 가르치는 일이라 했다. 나는 자격이 없다며 사양했다. 경험이 전혀 없을 뿐만 아니라 이 방면의 전문훈련을 받은 적도 없었기 때문이었다. 게다가 일본어도 능숙하지 못한 처지였다. 그러자 친구는 내 순진함에 너털웃음을 터트리며 이렇게 말했다. "경험이나 훈련 같은 건 필요없네. 여기서는 이탈리아인, 독일인, 프랑스인들까지도 고등학교 때 배운 영어실력으로도 선생노릇을 하니까. 여기 사람들이 학원에 다니는 이유는 외국어를 배우기 위해서라기보다는 외국인을 만날 기회를 얻겠다는 거지. 아주 간단한 일일세. 그저 강의실에 들어가서 무슨 소리든 되는 대로 한시간 떠들면 그만이네."

당시로서는 그의 이야기가 틀림없는 사실이라는 느낌이었다. 일본말을 잘 몰랐기 때문에, 내가 아는 사람들은 영어를 할 줄 아는 사람들에 한정되어 있었다. 내가 일본어를 공부하고 있었던 대학에도 ESS(English Speaking Society : 영어상용반)가 하나 있었는데, 그 대다수 반원들이 내게 보이는 추종적 태도에 나는 깜짝 놀라지 않을 수 없었다. 지금도 생생하게 기억하지만, 그들의 '평생소원'

이 영어회화를 능숙하게 구사하는 것이며 그들이 제일 가고 싶은 데가 로스앤젤레스이며 제일 좋아하는 소설가가 호손이며 제일 좋아하는 시인이 롱펠로라는 이야기 등을 들었을 때 나는 정말 그럴까 하는 의구심을 떨쳐버릴 수 없었다. 그러면서도 나는 ― 그리고 일본말을 모르는 대다수 외국인들은 ― 이런 태도가 일본문화를 대표한다고 생각했다. 그리고 영어회화의 세계, 즉 ESS의 세계는 단지 하나의 하위문화로서, 일본 대학생 전체의 특징이 아니라는 사실을 알게 된 것은 그로부터 훨씬 뒤의 일이었다.

나는 곧 ESS 반원들이 미국인과 유럽인들에게 보이는 추종적 태도가 그저 외국 손님들에 대한 우애의 표시로 이해되어서는 안 된다는 것을 알게 되었다. 누군가를 같은 인간으로 대하는 것이 아니라 별난 족속으로 대하는 태도를 결코 우애의 표시로 받아들일 수는 없기 때문이다. 또하나 내가 곧 알게 된 중요한 사실은 그러한 태도가 일부 외국인들에게만 취해지고 있다는 것이었다. 1962년에 나는 교토로 이주하였다. 그리고 교토대학 ESS가 외국인 학생들을 위한 클럽을 후원하고 있다는 것을 알았다. 나는 그 모임에 한번 나가보았는데, 거기에 있던 외국인 ― 그 대부분은 동남아시아에서 온 학생들이었고, 그들은 격앙된 상태에 있었다 ― 얘기를 들으면, 교토대학의 ESS가 외국인 학생들의 캠핑을 후원한 적이 있었는데, 일본인 반원들이 동남아시아 학생들은 안중에도 두지 않고 미국인 학생들과 유럽인 학생들만을 강아지처럼 졸졸 따라다녔던 모양이었다. 나는 그때 ESS 대표가 동남아시아 학생들의 거센 항의를 들으면서 지었던 표정을 영원히 잊지 못할 것이다. ESS 측은 이 외국인학생클럽이 주로 아시아인들로 채워질 것으로 예상하지 못했던 것이다. 기대가 어긋났지만 '공평'의 원칙상 그들은 이 클럽을 계속 후원하지 않을 수 없었음이 분명했다. 그러면서도 그들은 분명 동남아시아 학생들이 자진해서 없어지기를 바라는 기색이 역력했다.

인종차별주의적인 영어회화의 세계

그 후 나는 또 귀중한 교훈 하나를 얻게 되었는데, 그것은 내가 나가는 영어학원의 한 일본인 선생에게서였다. 월급날의 일이었다. 이 노신사가 내게 오더니 점잖은 말투로 이렇게 말하는 것이었다. "당신이 알고 있어야 할 사실이 있는 것 같소. 나는 여기서 15년 동안을 일해왔소. 당신의 경우는 3개월에 불과하지요. 그러나 내 봉급이 당신보다 적소. 이런 소리를 했다고 해서 나쁘게는 생각하지 마시오. 당신도 알고 있어야 한다는 생각에서 알려주었을 뿐이니까." 그는 그 말만 남기고 자리를 훌쩍 떠나버리고 말았다. 나는 얼떨떨했다. 그리고 어지러운 마음을 가눌 수가 없었다. 그는 유능한 언어학자에다 풍부한 경험을 가진 교사였다. 반면 내 경우는 열차를 타고 학원으로 오면서 열차칸에서 생각해낸 농담조 이야기로 그날그날의 강의를 때웠던 것이다. 내가 그보다 돈을 더 받아야 하는 이유가 도대체 무엇일까? 그 후 나는 이 질문을 여러 사람에게 던져보았다. 그때마다 되돌아오는 대답이 외국인(백인을 의미한다)의 경우 "생활비가 더 필요하다"는 식의 설명이었다. 그러나 이런 답변을 내가 어떻게 수긍할 수 있겠는가? 차별대우라는 생각이 분명했기 때문이다.

요컨대 영어회화의 세계에서는 한마디로 인종차별주의가 당연시되고 있다. 물론 나로서는 선생이나 수강생 개개인을 비난할 생각이 추호도 없다. 이들 가운데도 헌신적이고 진지한 사람들이 다수 있기 때문이다. 내가 문제시하고 싶은 것은 다만 이 영어회화라는 하위문화가 갖고 있는 이데올로기의 구조이다. 그것은 고용방식과 광고방식 면에서 인종차별주의적이며, 교재와 강의실에서 나타나는 이데올로기 면에서 또한 인종차별주의적이다.

예컨대 "본토인(native speaker)이다"라는 선전이 성행하고 있는데, 사실 이것은 협잡이나 다를 바 없다. 특히 영리를 목적으로 운영되는 외국어학원에서는 본토인이 출강한다는 선전을 대대적으로 내세운다. 그러나 여기서 말하는 본토인이란 결국 '백인'을 의미할 뿐이다. 앞에서 언급한 바와 같이 일부 본토인들은 영어가 모국어가 아닌 유럽인들이다.

반면 필리핀, 싱가포르, 인도 등에서는 영어가 공용어이다. 그러나 이곳 출신자들은 본토인 취급을 받지 못한다. 그들이 가끔 일자리를 얻게 되는 것은 자신의 뛰어난 영어능력을 인정받았을 경우뿐이다. 그러나 그들 대부분은 자신의 능력을 시험받을 기회도 얻지 못한 채 그대로 문전박대당하는 것이 보통이다. 회사에서 미국인들을 고용하는 경우에도 사정은 비슷하다. 백인들만을 고용하고자 하는 것이다. 물론 대다수 일본인들에게 '미국인'이란 말은 '백인'과 동의어이다. 그런데 일본에 오는 미국인들이 어디 백인뿐인가? 백인이 아니면 미국인들도 일본의 많은 외국어학원에서 일자리를 쉽게 구하지 못한다.

일본의 외국인 사회에서는 백인이라면 아무런 자격이 없어도 적어도 두가지 일자리는 쉽게 구할 수 있다는 말이 통용되고 있다. 하나는 영어선생이고, 또하나는 광고모델이다. 아니, 한가지가 더 있다. 여성일 경우 본인의 의사만 있다면 스트리퍼가 될 수 있기 때문이다. 이 세가지 일이 공통적으로 보여주고 있는 사실은 일본에서는 하얀 피부 자체가 돈벌이 재료라는 것이다. 스트립쇼 업소 주인들은 춤을 못 추어도 '외국인' 스트리퍼가 있으면 손님들이 더 몰려든다는 것을 잘 알고 있다. 백화점 주인들 역시 파란 눈의 블론드 마네킹들이 진열되어 있어야 여성들에게 서양옷을 잘 팔 수 있다는 사실을 알고 있다. 이거야 원, 나치가 그리던 게르만민족의 세계지배 격이 아닌가? 텔레비전 광고주들도 사정은 마찬가지다. 백인들이 자기 상품을 쓰는 모습을 소비자들에게 보여주어야 매출액이 늘어난다는 것이다. 사정이 이러한지라 외국어학원들에서도 본토인들을 선생으로 삼으려고 서로들 기를 쓰고 있다.

전문적 훈련을 받지 못했음에도 불구하고, 또는 교사로서의 자질이 부족함에도 불구하고 외국어학원에서 본토인들을 선호하는 까닭은 발음 때문이라고 종종 변명한다. 동남아시아인들은 미국의 흑인들과 마찬가지로 발음이 나쁘다는 것이다. '진짜' 미국식 영어를 하는 사람은 백인 미국인이라는 주장이다.

그러나 발음이란 상대적인 것이다. 영국이든 미국이든 간에 사투리도 많고 어형 변화도 제각각이다. 그리고 두 나라 모두에서 어느 것이 '표준어'인가는 권력에 의해 결정되는 문제이다. 표준어란 지배계급의 언어이기 때문이다. 따라서 필리핀에서 발달한 영어라 해서 그것을 '틀린' 영어라 매도할 수는 없다. 영국인들이 앵글로색슨어와 프랑스어로부터 새로운 언어를 창출할 수 있었다면, 또 미국인들이 북미에서 나름대로의 영어를 발전시킬 수 있었다면, 필리핀인들이라고 해서 그들 나름의 독특한 영어를 발전시켜서는 안된다는 법이 없기 때문이다. 어떤 발음으로 영어를 익히느냐 하는 문제는 언어학적으로 결정되는 것이 아니라 정치적으로 결정되는 것이다. 그것은 전적으로 배우는 사람이 앞으로 누구를 상대할 것인가에 따라 결정될 사항이기 때문이다.

그러나 영어를 배워야 하는 이유

분명히 밝히지만 나는 영어를 배워야 할 훌륭한 이유들이 있다고 생각하는 사람이다. 영어는 상당수 나라에서 모국어이다. 그리고 더 많은 나라에서 두번째로 중요한 공용어로 쓰이고 있다. 영어가 피의 역사를 갖고 있다는 것은 사실이다. 그것은 첫째로 대영제국의 그리고 둘째로 아메리카제국의 유산이다. 그럼에도 불구하고 세계의 거의 모든 나라의 사람들과 서로 의견을 나눌 수 있는 언어, 각국 수준에서 국제적 교호와 연대를 강화시킬 수 있는 언어가 바로 영어라는 것 또한 사실이다.

나는 많은 일본인들이 영어를 공부하는 이유가 다른 아시아인, 아프리카인, 유럽인들과 대화를 나누려는 희망 때문이라는 점을 인정한다. 그런데 영어회화의 교재나 강의실의 현실을 보면 이 희망이 여지없이 무너져버리고 만다.

물론 영국식 영어를 강조하는 곳들도 존재한다. 그러나 영어회화의 세계에서는 그 이상적인 상대자가 거의 늘 중산층 백인 미국인이다. 어떤 교재든 슬쩍 훑어만 보아도 이 점이 확연히 드러난다. 각 과의 첫머리에 나오는 대화자들을 보면 적어도 주인공 한 사람은 늘 이런 미국인이다. 장소 또한 늘 일본 아니면 미국이다. 돈의 단위는 늘 달러이며, 도량형 단위는 늘 야드, 피트, 인치이며, 약국에는 늘 간이식당이 있으며, 식료잡화류를 파는 데는 늘 슈퍼마켓이다. 외국어를 공부하는 재미 중의 하나가 일종의 대상(代償) 여행에 있다고 한다면, 가끔은 그 동기가 적어도 상상 속에서나마 자기 사회의 한계를 벗어나고픈 욕구 때문이라고 한다면, 영어회화 교재들은 이 욕구를 미국으로만 집중시킨다.

나로서는 일본에서 영어회화와 미국이 얼마나 동일시되는지에 대해 무어라 단언하기가 곤란하다. 그러나 국적이 어떻든 백인 한 사람이 일본의 골목길을 가다가 거기서 노는 어린아이들과 마주쳤다고 하자. 그러면 아이들이 외쳐대는 첫마디가 "야, 외국인이다" 또는 "야, 미국인이다"라는 소리이다. 또 학교를 다닐 또래의 아이들이라면 아무 의미없이 "I have a book", "I have a pencil"을 외쳐댄다. 어디서나 거의 한결같이 이런 장면이 연출되곤 하는데, 우리는 바로 여기에서 영어회화가 원초적으로 갖고 있는 몇몇 기본적인 이데올로기적 요소들을 발견할 수 있다. 우선 첫째로 (유럽인, 캐나다인, 남미인, 호주인 등에게는 아주 기분이 나쁘게도) 이 아이들에게는 '외국인'이라는 말과 '미국인'이라는 말이 사실상 동의어나 다름없다는 것이다. '미국'이라는 것이 일본 바깥의 세계 전체를 가리키는 개념인 것이다. 즉 그것은 일본의 반대말이다. 더욱이 '미국인'들은 일본말을 못 알아들을 것이 뻔하기 때문에 바로 앞에 두고도 "야, 코가 크구나" 등 이런저런 소리를 마구 떠들어대도 별일이 없다는 식의 태도를 보인다. 상대방이 조그마한 반응이라도 보일라치면 곧바로 "I have a book", "I have a pencil" 등 무의미한 영어회화가 등장한다. 책이나 연필이 있든 없든 그것은 상관없다. 건네는 말의 내용이 완전히 무관하다는 것, 이것이 바로 아이들의 영어회화 세계이다.

성인들의 영어회화 세계는 물론 이보다 훨씬 세련된 편이다. 그러나 그것은 그 이데올로기가 더욱 감추어져 있다는 사실을 의미할 뿐이다. 일본 바깥에 미국 외에도 많은 나라들이 존재한다는 것을 성인들이 모를 리 없다. 그러나 그들은 그 나라들을 그저 주변적인 국가들로 생각한다. 그 나라들의 이름이 직접 언급될 때가 있다 할지라도, 그것은 종종 '공평'을 기하기 위해서이거나 자신의 이야기에 약간의 코즈모폴리턴적인 양념을 치기 위해서일 뿐이다. 따라서 마음속 깊은 곳에서는 '진짜' 나라는 일본과 미국뿐이라는 식의 태도이다. 비교의 대상이 늘 미국인 것이다. 다시 말해 영어회화의 세계에서는 오로지 일본과 미국만이 '범주'로서 존재한다. 그리고 다른 모든 국가들은 '우연'으로서만 존재한다. 외국이라는 것이 미국 이외에도 많이 있지만, 미국이야말로 양국의 모방, 대조, 결합 등에 의해 '일본성'이 규정될 수 있는 역사적 비교 대상인 것이다.

미국이 곧 '세계'인가

대다수 미국인들은 일본인의 이런 태도를 아주 당연시하는 듯한 태도이다. 왜냐하면 일본인들의 그런 태도가 자기 나라의 세계적 위치에 대한 그들 자신의 견해와도 아주 멋지게 들어맞기 때문이다. 아시아에 주둔해 있는 미군들 사이에서는 미국이 '세계'라는 속어로 불리기도 한다. 고국에서 온 편지는 '세계에서 온 편지'이며, 고국으로 돌아가는 것을 '세계로 돌아가는 것'이라고 한다는 것이다.

이러한 표현은 미국의 이데올로기적 자기 이미지를 아주 정확하게 드러내주고 있다. 이 견해에 의하면 미국 바깥에 있는 세계는 미국처럼 진짜가 아니다. 미국 바깥에 있는 세계는 설사 존재한다 할지라도 미국보다 저위(低位)에 존재한다. 따라서 그곳에서 일어나는 사건들은 그다지 중시할 것이 못된다. 이런 태도는 특히 아시아에 있는 미국인들에게 강한데, 이곳에서 일어나는 모든 일들은 혼란스럽고 우발적이며 불안정하고 부수적이라는 것이 그들의 생각이다. 이 무의미한 혼란 속에 미국인들은 질서정연하고 합리적인 고국의 이미지를 그리면서 향수를 달랜다.

예컨대 사고 싶은 물건들이 선반에 가지런히 놓여있는 약국 같은 것이 고국의 이미지인 것이다. 고국이야말로 정말로 이해할 수 있는 무언가가 있으며 정말로 감지할 수 있는 무언가가 있는 곳이다. 세계 자체가 바로 거기에 존재하는 것이다.

다시 말해서, 미국인들은 자기 나라를 '보편적인' 나라라고 생각한다. 그리고 다른 모든 나라들(특히 아시아와 제3세계 국가들)에 대해서는 '특수한' 나라라고 생각한다. 일본인들의 생활은 일본적이며, 필리핀인들의 생활은 필리핀적이며, 베트남인들의 생활은 베트남적이다. 그러나 미국인들의 생활은 생활 자체라는 것이다. 그것은 구체적인 생활임과 동시에 생활의 이데아, 즉 보편적 이성의 제반 원칙에 가장 부합되는 생활의 이데아라는 식의 사고 방식이다.

대다수 미국인들은 자기들의 생활방식이야말로 세계의 모든 사람들이 그 생활에 대해 제대로 알고 또 선택의 자유가 있다면, 당연히 그것을 선택할 것이라는 뿌리깊은 믿음을 갖고 있다.

1950년대 냉전이 절정에 달했을 때, 미공군이 동유럽 상공으로 날아가 시어즈사의 카탈로그를 도시와 가로에 뿌려야 한다고 진지하게 주장하는 미국인들이 많았다. 동유럽사람들이 카탈로그에 소개된 그 놀라운 물건들을 보기만 한다면 자기들이 소비에트 당국에 속아왔음을 깨닫고 반란을 일으키리라는 생각에서였던 것이다. 평화봉사단이라는 것도 부분적으로는 비슷한 발상에 기초했다. 즉 인습에 찌든 마을에 미국인 젊은이가 나타나기만 하면 그 현지인들이 곧 옛 관습을 버리고 열심히 그를 모방할 것이라는 생각에서였던 것이다.

미국의 사회과학에서는 이 순진하고도 건방진 가정이 과학적 객관성이라는 망토를 걸치고 다시 나타난다. 이른바 '전시효과'라는 것이 바로 이것이다. 이 미국인 학자들에 의하면 제3세계의 혼란은 식민주의와 제국주의에 의해 초래된 것이 아니라 이른바 '기대상승혁명'에 의해 초래되었다는 것이다. "대중통신매체들을 통해서 그리고 기계, 빌딩, 시설, 소비재, 쇼윈도, 루머, 행정적·의료적·군사적 관행 등의 전시를 통해서" 이 '기대상승혁명'이 현대생활의 제반 측면에 걸쳐 촉발되었다는 설명이다. 그리고 이 '현대생활'의 선구자가 바로 미국이라는 것이다.

미국인들의 이런 태도는 일본을 대할 때 특히 더 강하다. 일본이 미국의 점령지였기 때문이다. 일본에 대해 전혀 공부한 바가 없는 미국인들조차도 점령지에 대해 막연한 역사적 기억을 지니고 있다. 그 '기억'은, 현대적 민주주의국가를 운영할 줄 모르는 일본인들에게 미국이 그 시범을 보이기 위해 맥아더를 파견했다는 것이다.

언어교육 속에 담긴 교묘한 선전

사정이 이러한지라 미국인들은 미국과 일본의 관계를 선생과 학생의 관계로 생각하는 경향이 있다. 그리고 이런 믿음은 의식적인 견해의 형태가 아닌 무의식적인 가정의 형태를 띠고 있다. 즉 의식적으로는 이런 견해를 부정하는 사람들도, 그 행동을 보면 그런 가정에서 움직이고 있는 것이다. 미국인들은 내심 자기들은 매사가 질서정연한 사회의 출신이며, 따라서 일본 영토에서는 자기들이 보통 시민에서 선생으로 변하게 된다고 믿고 있다. 그래서 자기 나라에서는 도저히 선생노릇을 할 수 없는 미국인들도 일본에서는 자기가 선생노릇을 하는 것이 지극히 당연하다고 생각한다. 언어학적 훈련 같은 것도 이곳에서는 아예 필요없다는 투다. 왜냐하면 그들의 실제 역할은 외국어를 가르치는 데 있는 것이 아니라 미국식 생활방식의 살아있는 예를 제시하는 데 있다는 생각 때문이다. 일본여행이 미국인들 사이에서 그렇게도 인기가 높은 이유 가운데 하나는 지배계급의 일원으로 대접받으면서 급작스러운 지위 상승을 즐길 수 있기 때문이다. 미국에서는 이런 대접을 받기가 불가능하다. 그래서 그들은 "서비스 만점인 일본을 나는 무척이나 사랑한다"고 자랑스럽게 이야기한다.

영어회화의 이데올로기는 바로 이러한 미국인들과 일본인들로부터 태어났다. 강의나 교재에서 미국의 사소한 일상생활적 측면들이 끊임없이 다루어질 수 있는 이유는 바로 이러한 이데올로기

덕분이다.

　언어학습에도 이데올로기가 침투할 수 있다는 것을 받아들이기
어려운 독자들이라면, 전쟁 전에 사용되던 독본에 나오는 "전진
하라, 전진하라, 병사여 전진하라"라는 유명한 문장을 상기해주기
바란다. 언어교육 속에 담겨져 있는 프로파간다는 특별한 미묘함
을 지니고 있다. 주의가 온통 언어학습에만 집중되기 때문에 선전
메시지의 진실 여부는 전혀 의문시되지 않는다. 영어교재에 미국
식 '생활방식'을 소개하는 그 사소한 대화들을 계속 집어넣는 것
자체가 바로 미국을 선전하는 수단인 것이다. 내 주장을 부정할지
도 모르는 독자들을 위해 '낱말 바꾸기 연습'에 나오는 다음의 문
장들을 예시해보겠다.

He is intelligent but he has no drive.
He is intelligent but he has no money.
He is handsome but he has no money.
He is handsome but he has no girlfriend.
He is young but he has no girlfriend.
He is young but he has no ambition.

　학식, 추진력, 돈, 용모, 여자친구, 젊음, 야망, 이것은 바로 자
본주의 미국에서 한 인간의 성공 조건들을 쭉 열거한 것이다. 결
국 "소유하라, 소유하라, 비즈니스맨이여 소유하라"라는 것이 이
학습의 주제이다.

영어회화의 세계에서 묘사된 미국의 실체

오해를 피하기 위해 또 미국에 대한 내 생각부터 밝혀야겠다. 미국은 매우 흥미로운 나라, 공부할 가치가 충분하고도 남음이 있는 나라다. 미국은 실험의 나라였다. 미국이라는 나라 자체가 새로운 세계에 새로운 종류의 사회, 유럽에서 부정되었던 자유와 정의와 평등과 행복의 제반 조건들을 제공하는 새로운 종류의 사회를 건설하기 위한 진지한 시도였다. 이 실험의 기본원칙들을 세운 건국의 아버지들은 학식이 높은 지성인들이었다. 그러나 미국이 이 약속들을 충족시키지 못했다는 것이 나의 솔직한 생각이다. 미국이 더욱더 진지하게 연구되어야 하는 까닭은 바로 이 때문이다.

그러나 영어회화의 세계에서는 이런 내용이 전혀 없다. 영어회화의 세계에서 묘사되는 '미국'이라는 나라는 실제로 존재하는 미국이 아니라 미국인 영어선생들이 희구하는 바의 미국, 그들이 향수 속에서 그려보는 그러한 미국인 것이다. 영어회화의 세계에서는 오늘날 이 나라에 왜 환멸감과 방향상실감이 그렇게도 만연해 있는지를 배울 수 없을 것이다. 왜 밤이 되면 도시의 거리들이 불안의 장소로 변하는지, 왜 사람들이 자기보호를 위해 무기를 지니고 다녀야 하는지, 왜 가장 급속도로 확대되는 정부관청이 경찰서인지, 왜 대다수 미국 노동자들이 그들의 직업을 무미건조한 것으로 느끼는지, 왜 가정주부들 사이에서 알코올 중독과 마약복용이 번져나가고 있는지, 왜 결혼율보다도 이혼율이 더 높은 지역들이 늘어가고 있는지, 왜 많은 미국인들(주로 비백인들)이 희망도 없는 쓰라린 가난 속에서 살아가는지, 왜 빈민가의 많은 자식들이 문맹의 상태에서 고등학교를 졸업하게 되는지, 왜 미국인들의 인종차별적 심성 속에서 일본인들이 백인 쪽으로보다는 유색인 쪽으로 분류되는지, 영어회화의 세계에서는 이 이유들을 결코 알아낼 수 없을 것이다. 더더욱 문제가 되는 것은 영어회화의 세계에서는 미국에 대한 이런 사실들이 그저 언급되지 않기만 하는 것이 아니라 미국의 이미지를 진실에서 더욱더 멀리 떨어지도록 만들기까지 한다는 것이다. 혼다 가츠이치(本多勝一)의 《아메리카 합중국》을 읽었던 여러 영어회화반 수강생들이 내게 한 말에 의하면, 그의 묘사는 그들이 배운 미국의 모습과는 너무나 거리가 멀어서 그가 틀림없이 거짓말을 하고 있다는 느낌이라는 것이었다.

영어회화와 의사소통문제

이제 남은 문제는 영어회화가 어떻게 커뮤니케이션을 방해하느냐에 대한 설명이다. 영어회화를 공부한 사람들은 물론 역으로 가는 길을 묻는다거나 물건 값이 얼마냐고 묻는다거나 하는 데는 아주 능숙하다. 그러나 이런 대화들은 여기서 내가 말하는 그런 종류의 커뮤니케이션이 아니다. 영어회화가 어떻게 의사소통을 방해하는가에 대해 딱부러지게 설명하기는 어려운 것 같다. 그러나 다음의 일화는 이 문제를 이해하는 데 크게 도움이 될 것이다.

지금부터 약 5년 전 12월 말의 밤에 나는 카나자와(金澤)의 한 사찰에서 자정을 맞춰 울려퍼지기 시작한 커다란 종소리를 듣고 있었다. 이미 수시간 전부터 눈이 내리고 있었다. 그 겨울의 첫눈이었다. 새해가 새하얀 눈빛 세계의 모습을 하고 새롭게 다가왔던 것이다. 나는 눈빛 세계에 울려퍼지는 거대한 종소리를 들으면서 나름대로의 감회에 젖어있었다. 이때였다. 누군가 다가와 이런 소리를 하는 것이었다. "실례합니다. 영어로 말씀을 나눌 수 있겠습니까?" 느닷없는 불청객에게 왈칵 짜증을 느꼈지만 "물론이죠"라고 대답할 수밖에 없었다. 그러자 그는 그 판에 박은 질문공세를 퍼붓기 시작했다.

Where are you from?
How long have you been in Japan?
Are you sightseeing in Kanazawa?
Can you eat Japanese food?
Do you understand what this ceremony is about?

그가 쏘아대는 이런 쓸데없는 질문들 때문에, 나는 은은한 종소리와 차가운 밤공기 내음으로부터 밀려나와 그 뚫을 수 없는 쇄국의 벽 저편으로 내동댕이쳐졌다. 그의 이런 질문은 "I have a book"이라는 무의미한 소리와 마찬가지로 이 상황에 전혀 걸맞지 않은 것이었다. 그의 질문은 사실상 건성이랄 수밖에 없었고, 또 나의 대답에 정말로 관심이 있는 것도 아니었다. 말하자면 그는 나라는 개인을 상대로 말하는 것이 아니라, 자신의 마음속에 그려져 있는 외국인의 표상에 질문을 던지고 있을 뿐이었다. 또 내게 말을 하고 있는 사람도 실제로는 그 일본인 개인이 아니었다. 그가 암기해서 던지고 있는 질문들은 판에 박은 표준적 형태를 취했으며, 따라서 그 문장들과 그 사람 자신의 성격, 생각, 느낌 사이에 어떤 의미있는 관계가 존재한다고 믿기가 어려웠다. 그것은 구체적인 두 인간 사이의 대화라기보다는 오히려 두대의 녹음기가 말을 주고받는 그러한 것에 가까웠다.

마침내 그가 내 곁을 뜨자, 내 불편한 모습을 짐짓 즐기면서 지켜보고 있던 한 사나이가 내게로 다가왔다. 그리고 일본말로 점잖게 이렇게 말했다. "저런 식으로 영어를 하는 일본인들은 사실 일본을 제대로 모르는 사람들입니다. 그리 신경쓰실 필요가 없습니다." 나는 그의 이 지적에 마음이 개운해졌다. 그리고 웃음기를 되찾기 시작했다. 쇄국의 벽이 다시 사라져버렸던 것이다.

영어회화의 전형적 특징은 추종적 태도와 판에 박은 어투, 지독히 무미건조하고 지루한 단조로움 그리고 화자(話者)의 정체나 개성이 전혀 드러나지 않는다는 점이다. 언어심리학 분야에서 많은 연구를 한 나카오 하지메의 이야기에 의하면, 적어도 극단적인 경우에는 영어회화가 강박성까지 띠게 되는데, 이 강박성은 말하는 사람에게서 자신의 경험을 제대로 살리지 못하게 하는 실어증과도 유사하다는 것이다. 나카오(中尾)는 이런 이야기 끝에 내게 다음과 같은 폴 굿맨의 한 글귀를 소개해주었다.

(…) 고통스러울 정도로 정확히, 표준적 어투를 자신의 구체적 상황이나 목적에 따라 변화시키지 못한 채 앵무새처럼 그대로 암송하는 강박당한 인간 역시 실어증 환자이다. 그는 언어를 말하는 것이 아니라 물건을 다루듯 언어를 다룬다. 그가 말하는 모든 문장은 사전과 문법책에서 따온 판에 박은 문구들이다. 따라서 만약 상대방의 대답이 그의 예상과는 달리 살아있는 표현으로 다가오거나 또는 그의 충동적 욕구가 너무나 강렬해서 그 딱딱한 언어 사용에 질식감을 느낀다면, 그는 스스로 무너져내릴 수밖에 없다.

재미있는 사실은 이 설명에 아주 딱 들어맞는 사람들이 보통 가장 부지런한 영어회화반 수강생들이라는 점이다.

미국식 개성을 끊임없이 강요

영어회화를 하면서 이처럼 극단적으로 소외된 언어사용방식에 빠지는 사람들의 수는 극소수에 불과하다. 그러나 대다수의 사람들도 극도의 개성 변화 — 아마 개성의 상실이라는 표현이 더욱 적합할지도 모른다 — 를 강요받게 된다. 의기(意氣), 기지(機智), 노여움, 존경, 애정을 나타내는 일본적 표현양식이라든가 일본적 형식 같은 것 역시 영어로는 쉽게 전달할 수 없을 것이다. 게다가 영어회화 교재들은 수강생들에게 체질에도 맞지 않는 '미국식' 개성을 끊임없이 강요한다. 그런 어색한 상태에서 서로 대화를 나누라는 것이다. 더욱이 이 교재에 등장하는 주인공들은 인간적 개성을 별로 느낄 수 없는 그러한 모습들이다. 그들의 모습은 중산층 백인 미국인들의 캐리커처일 뿐이다. 막연하고 딱딱한 인상만 풍기는 이 주인공들은 가족이나 친지에게 마땅히 내보여야 할 친절함도 나타내지 않으며 타인들에게 마땅히 내보여야 할 존중심도 나타내지 않는다. 이런 공허한 개성의 소유자들이 영어회화 교재에서 주인공들로 등장하기 때문에, 그 속에서는 인간적 교호관계가 차단될 수밖에 없다. 이 점이 바로 영어공부를 가로막는 중요한 장애요인들 가운데 하나이며, 이래서 많은 사람들이 자존심 때문에 영어회화를 기피하게 된다. 이런 문제점은 엄격한 언어훈련을 한다고 할지라도 쉽사리 극복될 수 없다.

그리고 이 문제는 일본이 외국인들을 대하는 데 익숙지 못한 섬

나라이기 때문에 생겨난 것이 결코 아니라, 내가 앞에서 계속 거론해온 영어회화의 이데올로기 때문에 빚어진 것이라 할 수 있다. 영어회화라는 하위문화 바깥에서 영어를 배운 사람들 ― 예컨대, 전전(戰前)에 영어를 공부한 사람들이라든가 미국으로 이민해서 생활하는 사람이라든가, 미군기지 같은 데서 일 때문에 영어를 자기도 모르는 사이에 조금씩 익히게 된 노동계급 사람들 ― 이 쓰는 영어는 그 성격이 아주 판이하다. 더욱이, 영어회화 속에 감추어져 있는 이데올로기를 자각하고 그것을 의식적으로 거부하면서 영어를 공부한 사람들의 경우는 훨씬더 자연스럽고 원활한 형태의 영어를 사용한다. 영어회화의 세계에서 멀리 떨어져 있는 사람일수록 문화적 장벽이라는 것을 더욱더 찾아보기 힘들다. 예컨대, 내가 외국인들과의 접촉이 별로 없는 시골에 가보았을 때, 나는 그곳 사람들이 영어회화의 세계에 있는 사람들보다 훨씬더 자연스럽고 개방적이고 당당한 태도로 대한다는 것을 알게 되었다. 거기에서는 늘 내가 그들과 똑같은 사람으로 대해졌다. 내가 일본음식을 잘 먹는다든가 일본말을 술술 한다든가 해도, 그들은 아무런 놀라움도 나타내지 않는다. 나 역시 같은 사람이라는 사실을 당연시하기 때문이었다. 노동계급의 사람들 역시 그 대다수가 마찬가지다.

다시 한번 분명히 밝히지만 나는 영어회화의 세계가 유용하게 작동할 수 있다는 사실을 부정하는 사람이 아니다. 동시에 나는 서구의 거친 공격으로부터 자국문화의 보다 섬세한 면들을 보호하기 위해 일본인들이 본능적으로 방어자세를 강화시킬 수 있다는 사실도 아주 잘 이해하는 사람이다. 그러나 문제는, 일본을 방문하는 영어상용권의 많은 방문객들의 경우는 사정이 나와 다르다는 것이다. 그들한테는 영어회화의 세계가 그들이 마주치는 거의 유일한 일본의 모습이다. 그들은 거의 전적으로 영어를 쓰는 하위문화 속에서 지내기 때문이다. 그래서 그들은 그것이 하위문화라는 사실도 모르며, 그들이 일본적이라고 생각하는 문화와 개성적 특징과 태도가 기실은 영어회화의 이데올로기적 결과라는 사실을 깨닫지 못하게 된다. 이 점이 바로 숙제이다.

아시아와 제3세계의 연대를 위한 언어로

나는 여기서 그래도 서구의 방문자들과 의사소통을 더욱 원활하게 하기 위해 일본인들이 노력해야 한다고 주장할 생각은 없다. 서구인들을 어떻게 대할 것인가 하는 문제는 중요한 것이 아니다. 중요한 것은 영어회화의 이데올로기를 척결하면서 영어를 문화지배의 언어로서가 아니라 아시아와 제3세계의 연대를 위한 언어로 변화시키기 시작해야 한다는 것이다. 영어공부 자체가 추종적 태도에서 자유의 도구로 변화될 때, 일본인들이 느끼는 그 모든 영어에 대한 '특별한 어려움들'이 정말이지 마치 안개가 걷히듯 사라지게 될 것이다. 백인 선생들만을 고용하는 외국어학원들에 대해서는 보이콧운동이 전개되어야 한다. 영어를 공부하고자 하는 일본인들은 서로들 앞장서서 동남아시아인들과 스터디그룹을 조직하여 아시아의 문화와 역사와 정치 그리고 아시아적 표현을 반영하는 새로운 아시아판 영어를 창출해야 한다. 그리하여 만약 아시아를 방문하는 미국인들이 이 새로운 아시아판 영어를 제대로 못 알아듣겠다고 투덜거리게 된다면, 그때는 외국어학원에 나가

야 할 사람은 바로 그들이 될 것이다. (천희상 옮김)

(출전 — Y. Kurokawa, ed., *Essays on Language*, Tokyo : Kirihara Shoten, 1973)

역자 후기

 이 책은 현재 일본에서 활동 중인 미국인 정치학자이자 평화운
동가, C. 더글러스 러미스의 최근 저서 《경제성장이 안되면 우리
는 풍요롭지 못할 것인가》를 우리말로 옮긴 것이다.

 이 책의 일부 내용은, 책의 말미에 부록으로 실린 두편의 에세
이와 함께, 이미 《녹색평론》의 지면을 통해 한국의 독자들에게도
소개된 바 있다. 아직 충분히 많은 글이 소개된 것은 아니지만, 더
글러스 러미스는 이제 국내에서도 그리 낯선 이름은 아니다. 실
제, 그동안 《녹색평론》에 그의 글이 소개될 때마다 오랜 평화운동
및 정치사상가로서의 경험과 사색에서 우러나온 러미스 교수의
비범한 통찰은, 그의 명석한 언어와 함께, 적지 않은 예민한 독자
들의 주목을 받아왔다.

 경제성장, 민주주의, 평화, 지속가능한 문명, 미국의 패권주의
등등 ― 이 책의 저자가 중심적으로 다루고 있는 테마는, 실제로,
좋은 의미든 나쁜 의미든 역사적 대전환기에 접어들었음이 분명

한 것으로 보이는 21세기 초두(初頭)의 상황에서, 인류사회 전체의 초미의 관심사이지만, 특히 지난 수십년간 고도경제성장을 경험해온 사회들에서는 다른 어떠한 것보다도 절박한 관심사가 되어야 마땅한 것임이 틀림없다. 일본이나 일본의 경험을 답습해온 한국과 같이, 그러한 고도경제성장을 전형적으로 밟아온 사회는 전대미문의 생산, 소비의 증대를 통해 엄청난 물량적 풍요와 낭비에 근거한 소비주의문화를 만들어오는 과정에서, 인간다운 삶의 기반이 끝없이 훼손당하고, 앞으로의 지속적인 생존 가능성이 불투명하게 되는 가공할만한 생태적 재난에 봉착하였기 때문이다.

곰곰이 따져보면, 이 모든 근본적인 어리석음의 근간에는 '경제성장'에 대한 우리의 검토되지 않은, 맹목적인 신앙이 자리잡고 있음이 분명하다. 우리는 경제성장을 통해서 가난에서 벗어나고, 고용문제를 해결하고, 민주주의를 실현하고, 문명된 생활을 할 수 있으리라는 가정(假定)을 의심해보지 않았다. 그러나 경제성장을 통해서, 경제적 수치로 환산될 수 있는 물질생활의 측면을 제외한 다른 모든 인간적 풍요로움의 성립조건이 돌이킬 수 없이 파괴되어왔을 뿐만 아니라, 갈수록 심화되는 사회적 양극화 속에서 풀뿌리 민중이 자신의 삶을 선택, 결정할 수 있는 권리는 점점더 약화되고, 오늘날 산업노동자의 생활은 과거 어느 때보다도 부자유스러운 '노예'의 삶으로 전락하고 말았다.

그럼에도 불구하고, 여전히 우리는 낡은 논리, 낡은 가치관에 의지하여, 이 절박한 문제들에 접근하는 관행을 벗어나지 못하고 있다. 체제비판적인 지식인들도 이 점에 있어서는 마찬가지이다. 이른바 진보, 보수라는 정치적 입장에 관계없이 '경제성장'은 아직도 대다수 지식인들에게는 사회진화의 자명한 전제이다. 그들은 '경제성장'의 허구와 신화를 벗어나야 한다는 생각을 비현실적이라고 말한다. 러미스 교수는 그들의 이러한 태도야말로 '타이타닉 현실주의'라고, 참으로 적절하게 규정하고 있다. 생존의 자연적 기반이 사라져가고 있는 마당에, 무엇보다 생물학적 존재로서의 인간이 어떻게 이 현실을 무시하고 살아남을 수 있단 말인가.

이 책의 문제의식은 진정으로 책임있는 지식인이라면 결코 외면할 수 없는 것이다. 지금 세계에는 또다시 전쟁의 암운이 드리워지려 하고 있다. 이 책은 비록 두해 전에 구술(口述)기록된 것이지만, 작년 9월 11일의 '테러' 이후, 아프가니스탄 공격 그리고 지금 이라크 공격 직전의 세계적 위기상황에 관련해서도 우리에게 깨우쳐주는 바가 많다. 평화의 문제는 정치, 군사, 외교의 문제이기 이전에, 무엇보다 현대세계가 개발과 경제성장이라는 논리의 포로가 되어온 사실과 직결되어 있다는 것을 우리는 주목할 필요가 있는 것이다.

'가난'이라든가, '부유함'이라든가 하는 개념이, 기본적으로 경제적인 개념이 아니라, 어디까지나 정치적인 개념이라고 하는 러미스 교수의 견해는, 따져볼수록 탁견이라고 하지 않을 수 없다. 그러니까 우리는 오랫동안 우리가 속한 공동체의 정치적 판단과 선택에 의하여 결정하여 마땅한 것을, 그것이 경제적인 문제라고 오인·착각함으로써, 우리의 개인적·집단적 삶에 본래 내재되어온 참다운 '풍요로움'의 가능성을 파괴해왔던 것이다. 이제 늦게라도 이러한 새로운 깨달음에 우리가 얼마나 겸손하게 응답하느냐에 우리와 다음 세대의 운명이 달려있음이 분명하다. 러미스 교수는 우리에게 더이상 '유토피아'를 실현할 가능성은 없다고 말한다. 이미 세계는 오염될 대로 되었기 때문이다. 그러나 비록 '방사능으로 오염된 유토피아'일망정 희망을 품고 거기에 조금이라도 다가가려는 노력 이외에 지금 우리에게는 다른 윤리적 행동의 가능성은 없는 게 아닌가.

2002년 11월
김종철

저자

C. 더글러스 러미스(C. Douglas Lummis)

1936년 미국 샌프란시스코 출생. 캘리포니아대학 버클리분교 졸업. 정치사상 전공. 1960년에 미해병대에 입대하여 오키나와에서 근무. 1961년에 제대 후, 버클리로 되돌아가 박사학위를 받은 다음, 다시 70년대 초 일본으로 와서 활동을 시작함. 1980년에 도쿄에 있는 쓰다(津田塾)대학 교수가 되어 2000년 3월 정년퇴임. 현재는 오키나와에 거주하면서 집필과 강연을 중심으로 사회운동을 하고 있다.

주요 저서로, 《래디컬 데모크라시》(코넬대학 출판부, 1996년, 영문판), 《래디컬한 일본국 헌법》, 《헌법과 전쟁》, 《이데올로기로서의 영어회화》(東京 : 晶文社) 등이 있다.

역자

김종철(金鍾哲)

1947년 경남 출생. 격월간 《녹색평론》 발행·편집인.

저서 《시와 역사적 상상력》(문학과 지성사)

　　《시적 인간과 생태적 인간》(삼인)

　　《간디의 물레》(녹색평론사)

　　《땅의 옹호》(녹색평론사)

역서 《正義의 길로 비틀거리며 가다》(녹색평론사) 등

최성현

1956년 출생. 강원도 홍천 거주.

저서 《좁쌀 한알》(도솔)

　　《산에서 살다》(조화로운삶)

　　《시고쿠를 걷다》(조화로운삶)

역서 《여기에 사는 즐거움》(도솔)

　　《어제를 향해 걷다》(조화로운삶) 등

경제성장이 안되면
우리는 풍요롭지 못할 것인가

초　판 제1쇄 발행　2002년 12월 10일
개정판 제1쇄 발행　2011년 4월 5일
　　　　제11쇄 발행　2024년 8월 1일

저자　C. 더글러스 러미스
역자　김종철 · 최성현
발행처　녹색평론사

주소　서울시 종로구 돈화문로 94 동원빌딩 501호
전화　02-738-0663, 0666
팩스　02-737-6168
웹사이트　www.greenreview.co.kr
이메일　editor@greenreview.co.kr
출판등록　1991년 9월 17일 제6-36호

ISBN　978-89-90274-63-2　04330
ISBN　978-89-90274-57-1(세트)

값 10,000원